古代美術史研究

四 編

第 5 冊

制器尚象：
中國古代器物中的觀念與信仰（下）

練 春 海 主編

花木蘭文化事業有限公司

國家圖書館出版品預行編目資料

制器尚象：中國古代器物中的觀念與信仰（下）／練春海 主編

— 初版 — 新北市：花木蘭文化事業有限公司，2019〔民108〕

目 2+192 面；19×26 公分

（古代美術史研究 四編；第 5 冊）

ISBN 978-986-485-551-3（精裝）

1. 古器物 2. 中國

618 　　　　　　　　　　　　　　　　　107011995

ISBN-978-986-485-551-3

9 789864 855513

古代美術史研究

四 編 第 五 冊 　　　　　　ISBN：978-986-485-551-3

制器尚象：中國古代器物中的觀念與信仰（下）

編　　者	練春海
總 編 輯	杜潔祥
副總編輯	楊嘉樂
編　　輯	許郁翎、王筑　美術編輯　陳逸婷
出　　版	花木蘭文化事業有限公司
發 行 人	高小娟
聯絡地址	235 新北市中和區中安街七二號十三樓
	電話：02-2923-1455／傳真：02-2923-1452
網　　址	http://www.huamulan.tw 信箱 hml 810518@gmail.com
印　　刷	普羅文化出版廣告事業
初　　版	2019 年 3 月
全書字數	249261 字
定　　價	四編 23 冊（精裝）台幣 66,000 元

制器尚象：
中國古代器物中的觀念與信仰（下）

練春海　主編

目

次

器與圖
——宋代墓葬中的剪刀、熨斗圖像組合

鄧菲

摘要：本文著眼於宋墓中常見的剪刀、熨斗磚雕，通過分析相關的圖像組合和空間配置，嘗試建立起圖與器、圖與建築之間的聯繫。原本作爲日用工具的剪刀、熨斗、直尺等，在墓中既表現了與製衣有關的生產活動，也是女性所屬空間的代表物，還與其他的家居場景一同建構出具有象徵意義的死後世界。這類圖像元素在墓葬中的出現，帶有鮮明的地域、時代特徵，有助於我們理解唐宋之際北方地區墓葬圖像模式的傳播與發展。

關鍵詞：唐宋時期；北方地區；剪刀熨斗；圖像組合；墓葬空間

近年來，中國古代墓葬美術研究所關注的時段不斷後延，宋遼金元時期的墓葬藝術開始受到重視，並引發了研究者對其圖像題材的闡釋和解讀。[註1] 宋代磚室墓內壁多以磚雕或彩繪表現家居場景，體現了「事死如生」的喪葬理念。除了磚砌仿木構建築的柱、枋、斗拱等元素外，門、窗、桌椅、燈檠、箱櫃、衣架、鏡架、剪刀、熨斗也是最爲常見的裝飾。門、窗、家具題

[註1] 有關該時期墓葬藝術的主要研究是對墓內的裝飾題材進行分類與圖像學分析。這類研究方法在國內外相當流行，學者多以墓葬中的單個裝飾題材爲主題進行分析，其中又以宋遼金元墓中常見的散樂、雜劇、孝子、婦人啓門等題材最爲引人關注。

材可以解釋爲墓葬對於地上宅第、陳設的模倣，而剪刀和熨斗等器物卻引起了筆者的興趣，它們經常並置一壁，頻頻出現在墓葬空間之中。

早在上世紀 50 年代，宿白先生在對河南禹縣白沙宋墓的發掘及研究中，就已經注意到墓壁上的剪刀、熨斗磚雕，並提出河南唐宋墓中常出土有剪、熨斗、尺等成組的器物。〔註2〕由於這些器物爲日常用具，加上相關圖像在墓室中相當普遍，學者們一直將它們視爲日用器在墓葬空間裏的視覺再現。因此，很少有研究者專門對這類裝飾進行分析、解讀，討論墓葬設計者爲何會在眾多的流行器用中選擇剪刀、熨斗加以呈現？對這些元素的強調是否暗含特定的目的？它們與其他壁面裝飾的關係如何？〔註3〕

本文將著眼於宋墓中這一圖像細節，試圖以組合的形式對剪刀、熨斗等圖案加以解釋。一方面，分析圖像屬於「看圖說話」，「看」起來不難，「看」懂卻並不容易。眞正讀懂圖像，需要對該時段的觀念信仰、社會風俗有深入的瞭解。〔註4〕另一方面，對於墓葬圖像意義的追尋實際上建立在一個基本的假設之上，即墓葬裝飾是爲埋葬死者所建的地下空間的一部分，主要題材的選擇、布局都有特殊的目的，也都反映了當時的喪葬禮俗。〔註5〕從這一假設出發，本文不僅關注剪刀、熨斗組合與其寓意，同時也希望不限於對圖像意義的考證，將器物、圖像與建築的關係視爲一種觀察材料的角度，以此探討唐宋之際墓葬圖像模式的形成與發展。

一、圖像組合

家居生活化是宋代墓葬裝飾的重要特徵。許多仿木構磚室墓都將墓室建

〔註2〕 宿白：《白沙宋墓》，北京：文物出版社，1957 年版，第 38 頁，注 74。

〔註3〕 鄭以墨在討論五代墓葬美術時，提出晚唐、五代墓中也出現剪刀、熨斗、注、盞等日常器物，它們多爲女性家居勞作的工具，似可看作女性墓主的象徵。黃小峰延續了這一論斷，通過分析張萱《搗練圖》，提出「熨帛」在五代以後成爲新的圖像樣式，10 至 12 世紀的北方磚雕墓中流行的剪刀、熨斗等圖像，也是爲了營造女性活動的空間。上述研究對本文具有一定的啓發。見鄭以墨：《五代墓葬美術研究》，中央美術學院博士學位論文，2009 年，第 168～178 頁；黃小峰：《四季的故事：〈搗練圖〉與〈虢國夫人遊春圖〉再思》，《美苑》2010 年第 4 期，第 72～83 頁。

〔註4〕 揚之水：《讀圖時代，對「讀圖」者的思考能力有更高的要求》，《文匯報》2017 年 5 月 5 日第 11 版。

〔註5〕 相關討論，可見鄭岩：《魏晉南北朝壁畫墓研究》，北京：文物出版社，2002 年版，第 13 頁。

造爲庭院或居室，通過磚砌板門、直櫺窗、桌椅、箱櫃、衣架、燈檠等元素來模倣地上廳堂，並在其基礎之上繪出宴飲、備食、梳妝、伎樂、雜劇等生活場景（圖1）。〔註6〕值得注意的是，有兩類器物時常與門窗、家具一同出現在墓壁之上，展現墓主的居家陳設和生活細節。一類是與飲食備獻有關的注子、盞托、碗、盤、瓶等飲食器；另一類則是以剪刀、熨斗爲主，偶而包括直尺、針線笸籮等小型用具。它們多被製作成磚雕的形式，鑲嵌在墓壁之上，之上再施彩繪。

圖1　河南新安石寺李村宋四郎墓墓內裝飾

　　例如，河北武邑龍店發現了一座北宋仁宗慶曆二年（1042年）的磚室墓，墓室平面呈圓形，四壁皆有裝飾：南壁中間爲券門，西側磚砌假門；西壁砌衣架，架下砌衣櫃，櫃上一罐，北側上雕刻圓鏡，旁邊墨繪一名女子，下方繪熨斗和剪刀各一，衣架兩側繪花卉；北壁砌假門，門側各繪一人；東壁砌一桌二椅，桌上繪注子、杯盞等，椅後繪一人（圖2）。〔註7〕我們可以發現，該墓在西壁上砌出衣架、衣櫃的大體形狀，剪刀、熨斗與家具搭配出現。這種組合情況相當常見。時代略晚於此墓的河南鄭州南關外胡進墓（1056年）中也發現了類似的墓室裝飾，只是圖像設置的方位稍有區別，改爲在東壁上磚砌衣箱、衣架，架下浮雕一剪刀、一尺、二熨斗，並砌出鏡臺（圖3）。〔註8〕

〔註6〕　秦大樹：《宋元明考古》，北京：文物出版社，2004年版，第143～145頁。
〔註7〕　河北省文物研究所：《河北武邑龍店宋墓發掘報告》，收於《河北省考古文集》，上海：東方出版社，1998年版，第323～329頁。
〔註8〕　河南省文化局文物工作隊第一隊：《鄭州南關外北宋磚室墓》，《文物參考資料》1958年第5期，第52～54頁。

這表明家具和器物的配置方式在當時的墓葬中較爲固定。

圖2　河北武邑龍店2號墓西壁、南壁線描圖

圖3　河南鄭州南關外胡進墓墓壁展開圖

　　這種布局在晚唐、五代時期的磚室墓中就已經出現。河北故城西南屯的幾座晚唐墓與河南濮陽段莊、西佛店地區發現的五代墓都以東壁桌椅、北壁門窗、西壁剪與熨斗的題材裝飾墓室內壁。〔註9〕根據目前收集到的墓葬資料（表一）來看，剪刀、熨斗圖案自晚唐開始出現，五代逐漸發展，至北宋時期作爲墓葬裝飾中常見的圖像組合，延續至金代初期。就其空間分佈來看，該圖像組合主要分佈於河北、河南。另外，北京、內蒙古、湖北、安徽等地也偶有發現。

〔註9〕　相關報告見：衡水市文物管理處：《河北故城西南屯晚唐磚雕壁畫墓》，收於《河北省考古文集（三）》，上海：科學出版社，2007年版，第129～138頁；張文彥主編：《濮陽考古發現與研究》，北京：中國科學技術出版社，2005年版，第83～88、147～150頁。

表一　唐宋磚雕壁畫墓中的熨斗、剪刀圖像

序號	墓例	時代	地區	圖像組合及其位置	出處
1	河北故城西南屯 1 號墓	晚唐	河北故城	墓室西壁砌假門，北側雕一剪刀、熨斗，旁砌一櫃，上置針線笸籮。	《河北省考古文集（三）》，北京：科學出版社，2007 年，第 129～138 頁。
2	河北故城西南屯 2 號墓	晚唐	河北故城	墓室北壁東側砌一櫃，櫃上疊放衣物，右邊一針線笸籮，之上砌一剪刀，緊挨小櫃砌一熨斗。	同上
3	河北龍店 1 號宋墓	北宋	河北武邑	墓室西壁砌衣架，其下砌衣櫃，櫃上置長靿烏靴一雙，衣櫃北側雕熨斗和剪刀各一併塗墨，衣架北側繪牡丹花。	《河北省考古論文集》，上海：東方出版社，1998 年，第 323～329 頁。
4	河北武邑龍店 2 號宋墓	北宋慶曆二年（1042）	河北武邑	墓室西壁砌衣架，下砌衣櫃，櫃上一罐。櫃上雕一圓形鏡子，旁邊繪一女子，下方墨繪熨斗和剪刀各一。衣架兩側墨繪花卉各一束。	同上
5	河北武邑龍店 3 號宋墓	北宋	河北武邑	墓室西壁砌一衣架，下砌衣櫃，櫃上置烏靴等物。櫃右側雕刻熨斗和剪刀各一，熨斗中尚留有炭火。衣架右側繪一人物。	同上
6	河北曲陽北宋政和七年墓	北宋政和七年（1117）	河北曲陽	墓室西壁右側繪長方形框，框內繪熨斗，熨斗中繪有燃燒的火焰，右側繪剪刀一把。	《文物》1988 年第 11 期，第 72～79 頁。
7	河北井陘柿莊 1 號宋墓	北宋重和、宣和年間	河北井陘	墓室東北壁窗下磚雕剪刀、熨斗各一。	《考古學報》1962 年第 2 期，第 31～75 頁。
8	河北井陘柿莊 2 號宋墓	宋末金初	河北井陘	墓室東壁正中砌假門，北側畫懸幔，下畫紅番蓮，並雕剪刀、熨斗各一，南側畫「墓主人供養圖」。	同上
9	河北井陘柿莊 3 號宋墓	宋末金初	河北井陘	墓室東南壁左側繪糧倉、人物，中砌一矮足櫃，左側雕剪刀、熨斗各一。	同上

10	河北井陘柿莊 4 號宋墓	宋末金初	河北井陘	墓室西北壁正中砌一櫃，其上放八角形盒，盒上置長靿鳥靴，上方倒懸一黑色展腳襆頭，左上雕剪刀、熨斗各一。	同上
11	河北井陘柿莊 5 號宋墓	宋末金初	河北井陘	墓室西北壁正中砌一櫃，上雕剪刀、熨斗各一，右繪金盆、銀錠，左繪一女子，右側墨繪一貓。	同上
12	河北井陘柿莊 6 號宋墓	北宋政和以後	河北井陘	墓室西壁南側繪「宴樂圖」，北側砌一長窗，長窗下繪一小豬，兩側雕剪刀和熨斗各一。	同上
13	河北井陘柿莊 7 號宋墓	宋末金初	河北井陘	墓室東壁正中爲婦人啓門，北側砌一櫃，南側雕剪刀、熨斗各一。	同上
14	河北井陘柿莊 10 號宋墓	宋末金初	河北井陘	墓室西北壁雕熨斗、剪刀各一把。	同上
15	河北平鄉 1 號宋墓	宋末金初	河北平鄉	墓室東南壁磚雕熨斗和剪刀各一。	《河北省考古文集（三）》，第 237～247 頁。
16	河北平山兩岔宋墓 2 號墓	北宋後期	河北平山	墓室西南壁砌一燈臺，另繪流雲五朵、剪刀、熨斗矮足櫃各一。	《考古》2000 年第 9 期，第 49～60 頁。
17	河北平山兩岔宋墓 5 號墓	北宋後期	河北平山	墓室西南壁已塌毀，兩塊磚上分別浮雕剪刀和熨斗，熨斗柄部兩側出有花牙，剪刀極爲逼眞。	同上
18	河北平山兩岔宋墓 7 號墓	北宋後期	河北平山	墓室東北壁上浮雕剪刀和熨斗，壁上還墨繪家具圖案，無法辨清。	同上
19	河北平山西石橋 1 號宋墓	宋末金初	河北平山	墓室第五間磚雕直櫺窗、熨斗、剪刀、立櫃各一，櫃上墨繪釘帽和鎖具。	《文物春秋》1989 年第 3 期，第 88～92、64 頁。
20	河北平山東冶村 2 號墓	宋末金初	河北平山	墓室西壁雕剪刀、熨斗。	同上
21	河北新城北場村時豐墓	金代早期（1127 年）	河北新城	墓室北壁繪幔帳與圍欄木床，床上放剪刀、熨斗等。	《考古》1962 年第 12 期，第 646～650 頁。

22	北京亦莊18 號遼墓	遼代	北京	墓室南壁墓門西側雕剪刀、熨斗。	《北京亦莊考古發掘報告》，北京：科學出版社，2009年，第240～288頁。
23	北京東白塔遼墓	遼代	北京大興區	墓室西壁北側影作雕梳妝架，以及剪刀、熨斗各一。	《文物春秋》2011年第6期，第37～39頁。
24	內蒙古清水河縣山跳峁3 號墓	五代	內蒙古呼和浩特	墓室北壁中間砌一門，東側上部砌兩個直欞窗，下部由四塊磚雕組成，分別爲注子、茶盞、鐎斗、熨斗、尺子、剪刀。	《文物》1997年第1期，第20～35頁。
25	內蒙古清水河縣山跳峁4 號墓	五代	內蒙古呼和浩特	墓室東北壁中部有兩直欞窗，下部有一組磚雕，分別爲鐎斗、熨斗、剪刀。	同上
26	內蒙古清水河縣山跳峁6 號墓	五代	內蒙古呼和浩特	墓室東壁中部砌格子門，左側上方爲黑色柱子，右側置2 個茶盞，下方爲鐎斗、熨斗、直尺、剪刀。	同上
27	內蒙古塔爾梁1 號墓	五代末宋初	內蒙古呼和浩特	墓室東北壁左側上方爲菱格形假窗，下方磚雕一組工具，包括鐎斗、熨斗和剪刀各一。	《文物》2014年第4期，第16～38頁。
28	內蒙古塔爾梁2 號墓	五代末宋初	內蒙古呼和浩特	墓室北壁正中磚雕一門兩窗，右側下方磚雕長方形方框，其內雕刻鐎斗、熨斗和剪刀。	同上
29	河南登封唐莊中晚唐墓	唐代中晚期	河南登封	墓室東壁中間雕燈架，另雕熨斗、直尺、剪刀、衣櫃各一。	《中國文物報》1998年12月20日第一版。
30	河南濮陽乙烯廠磚室墓	五代	河南濮陽	墓室墓壁砌剪刀、熨斗磚雕。	《濮陽考古發現與研究》，北京：科學普及出版社，2005年，第6頁。
31	河南濮陽段莊3 號墓	五代（955年）	河南濮陽清豐縣	墓室西壁上砌剪刀、熨斗磚雕。	同上，第83～88頁。
32	河南濮陽段莊4 號墓	五代（955年）	河南濮陽清豐縣	墓室西壁上砌假窗，其下雕剪刀、熨斗。	同上
33	河南濮陽西佛店5 號墓	五代	河南濮陽清豐縣	椅子右側砌剪刀、熨斗磚雕。	同上，第147～150頁。

34	河南濮陽西佛店 13 號墓	五代	河南濮陽清豐縣	墓室西壁上砌有燈架，陰刻熨斗、剪刀、椅子。	同上
35	河南安陽湯陰宋墓	北宋早中期	河南安陽	其中磚雕熨斗、剪刀（因考古報告不詳，不清楚具體所在位置）	《中原文物》1985年第 1 期，第 23～26 頁。
36	河南安陽新安莊 44 號宋墓	宋代後期	河南安陽	墓室東北壁上砌破子櫺窗，窗下砌方凳 1 條，上砌花邊狀家具 1 件，窗下砌磚雕剪刀、熨斗、細頸瓶各一。	《考古》1994 年第 10 期，第 290～296 頁。
37	河南禹州龍崗電廠 121 號宋墓	北宋	河南禹州	墓室東北壁為一桌二椅，桌上置注子、杯盞等，並砌熨斗、剪刀。	《中國考古學年鑒1997》，北京：文物出版社，1999 年，第 178 頁。
38	河南禹縣白沙 1 號宋墓	北宋元符二年（1099）	河南禹縣	前室西壁窗下畫二黑色高瓶，瓶左畫鋌形物、細腰修刃剪刀一把。另外，後室西北壁正中砌破子櫺窗，窗右畫一蕉葉釘，下繫剪刀一把，左側豎置一熨斗。左側立一罐，罐左畫小幾，幾上置一瓶，幾左下畫一黃貓。	宿白：《白沙宋墓》，北京：文物出版社，1957 年。
39	河南新鄉丁固城 44 號墓	北宋早中期	河南新鄉	墓室西壁上部砌直櫺窗，下砌一桌一櫃，櫃正面刻出剪刀和熨斗。	《中原文物》1985年第 2 期，第 1～10、109～111 頁。
40	河南鄭州二里崗宋墓	北宋初年	河南鄭州	墓室東壁南側為燈檠，旁邊雕一櫃，櫃上有鎖，北側磚砌一衣架，架下雕熨斗、剪、尺。	《文物參考資料》1954 年第 6 期，第 44～48 頁。
41	河南鄭州南關外胡進墓	北宋至和三年（1056）	河南鄭州	墓室東壁砌衣架，衣架下浮雕一剪刀、一尺、二熨斗。衣架南側雕梳粧檯，臺上為圓形帶柄鏡，下部雕抽斗；衣架北側砌箱，上雕筆架、硯與墨錠。	《文物參考資料》1958 年第 5 期，第 52～54 頁。
42	河南鄭州捲煙廠宋代 54 號磚雕墓	北宋早中期	河南鄭州	墓室東壁中部磚砌衣架，衣架上懸掛一腰帶，衣架下雕一簇剪、一尺、一熨斗、一鐎斗。衣架南側雕梳粧檯，臺上為鏡架，臺下雕梳妝盒。衣架北側砌一櫃，櫃上雕鑰匙和鎖，櫃上南側浮雕筆架、裁紙刀，北側雕硯臺、墨錠。	《中原文物》2014年第 3 期，第 12～17 頁。

43	河南鄭州二七路 66 號宋墓	北宋	河南鄭州	墓室東壁南側砌燈臺，中間砌一櫃，櫃上雕鎖和鑰匙，下設方足，櫃北側砌一衣架，衣架下浮雕熨斗、篦剪、尺各一。	《中原文物》2012年第 4 期，第 13～18、2、113 頁。
44	河南鄭州二七路 88 號宋墓	北宋	河南鄭州	墓室東壁北側砌一衣架，衣架下雕一熨斗、一尺、一篦剪、一鐎斗，衣架南部砌一梳粧檯，臺上雕鏡架，臺下為梳妝盒，南側為三足燈臺。	同上
45	河南新鄭興弘花園宋墓	北宋	河南新鄭	墓室東壁左側為衣架，衣架下雕剪刀和熨斗，右側為梳粧檯和圓凳。	《中國考古學年鑒2006》，北京：文物出版社，2007 年，第 289 頁。
46	河南滎陽槐西宋墓	宋末金初	河南滎陽	墓室東壁左側繪直尺、交股剪、熨斗各一，右側繪一櫃，正面設鎖和鑰匙，櫃後立一衣架，右側繪二女子，中間為鏡架，架上懸一圓鏡。	《中原文物》2008年第 5 期，第 21～25 頁。
47	河南新密下莊河宋墓	北宋後期	河南新密	墓室東北壁繪錦帳，帳下兩朵西番蓮，衣架下繪一熨斗、一剪刀。	《中原文物》1999年第 4 期，第 4～10頁。
48	河南登封高村宋墓	北宋後期	河南登封	墓室西壁繪二名女侍，雙手端盤，左側臥一狗，前方為矮幾，几上放一瓶，前方水平表現一剪刀、熨斗及直尺。	《鄭州宋金壁畫墓》，北京：科學出版社，2005 年，第 62～87 頁。
49	河南登封城南莊宋墓	北宋後期	河南登封	墓室東南壁上懸黃、淡青橫帳，帳下左側砌交股剪、熨斗各一，右側砌一燈檠、檠置三盞。	《文物》2005 年第 8期，第 62～70 頁。
50	雙廟小區宋墓	北宋後期	河南登封	墓室東北壁砌鏡架，右下部雕交股剪和熨斗。	《文物春秋》2007年第 6 期，第 33～37 頁。
51	河南南召鴨河口水庫宋墓	北宋中後期	河南南召	墓室東南壁磚雕熨斗、尺子、剪刀和衣櫃。	《文物》1959 年第 6期，第 77 頁。
52	河南蒲城店宋墓	北宋	河南平頂山	墓內磚雕熨斗、剪刀、尺子等	《平頂山市衛東區年鑒2012》，北京：新華出版社，2012年，第 386 頁。

53	河南泌陽對外貿易總公司 1 號宋墓	北宋中後期	河南泌陽	墓室東南壁左側砌一矮足櫃，上置兩盒，中部砌一衣架，上刻一箱，箱右下角磚雕剪刀、熨斗各一。	《華夏考古》2005年第 2 期，第 28～34 頁。
54	河南泌陽對外貿易總公司 2 號宋墓	北宋中後期	河南泌陽	墓室東南壁左側砌一櫃子，櫃子右下角磚雕剪刀、熨斗，右側磚砌燈臺。	同上
55	河南泌陽對外貿易總公司 3 號宋墓	北宋中後期	河南泌陽	墓室東壁砌一矮足櫃，磚雕剪刀、尺子、熨斗各一，燈臺一座。	同上
56	河南商丘犁崗 1 號墓	北宋中期	河南商丘	墓室東壁砌一條几，几下砌一箱櫃，櫃上刻鎖具，箱櫃左側刻剪刀，右側砌熨斗。	《商丘的考古發展與初步研究》，北京：中國廣播電視出版社，2005 年，第240～245 頁。
57	湖北襄樊油坊崗 1 號墓	北宋後期	湖北襄樊	墓室東壁砌桌案、灶、燈臺以及剪、熨斗圖案。	《考古》1995 年第 5期，第 407～413 頁
58	湖北襄樊油坊崗 3 號墓	北宋後期	湖北襄樊	墓室東壁砌灶、燈臺、剪、熨斗圖案。	同上
59	湖北襄樊油坊崗 4 號墓	北宋後期	湖北襄樊	墓室東壁砌桌案、灶、燈臺、剪、熨斗圖案。	同上
60	湖北丹江口柳樹溝 6 號宋墓	宋代	湖北丹江口武當山	墓室西壁殘存刻畫方磚，上為剪刀、熨斗圖案。	《中國考古學年鑒2009》，北京：文物出版社，2010 年，第310～312 頁。
61	湖北丹江口六里坪 5 號宋墓	北宋	湖北丹江口	墓室西壁砌櫃窗與一桌二椅，北側雕剪刀、熨斗及燈臺。	《鄂西北考古與研究》，武漢：長江出版社，2009 年，第281～281 頁。
62	穎上八里莊 21 號宋墓	宋代中晚期	安徽穎上	墓室西壁嵌有磚雕熨斗、剪刀各一。	《中國考古學年鑒2011》，北京：文物出版社，2012 年，第250～251 頁。
63	穎上八里莊 19 號宋墓	宋代中晚期	安徽穎上	墓壁嵌有磚雕熨斗、剪刀。	同上

　　一方面，這種時空分佈與磚室墓形制的發展緊密相關。仿木構磚室墓自晚唐大中年間開始出現在河北地區，歷五代、宋初，至北宋中晚期開始廣泛流行於中原北方地區的平民之中。有學者將該墓葬形制的流行視爲河北因素在五代、宋初時期的繼承和影響。〔註10〕實際上，如果把墓葬裝飾放在這樣的脈絡中來觀察，有助於我們理解不同時段、區域間墓葬藝術的變化。另一方面，也正是從晚唐、五代開始，桌椅、衣架、盆架、鏡臺等高型家具開始流行，北宋中葉以後相當普及，並且成套出現。新興的陳設風尚同樣影響了墓內的視覺空間。

　　目前所收集的大部分墓例都延續了晚唐、五代時期磚室墓的圖像配置。關於剪刀、熨斗組合的一個重要特徵是，這些器物多表現爲淺浮雕磚雕，與門窗、家具一同作爲墓內重要的裝飾元素。它們並非隨機所作，通常提前預製備好，在建墓時鑲嵌於墓壁之上（圖4）。問題也隨之而來：這些用具在該時期的社會生活中究竟有何重要之處？墓葬裝飾爲什麼會選取它們來表現與墓主生活有關的內容？雖然墓室的宅第化使得我們有機會瞭解到唐宋時期的生活場景，但墓葬的空間相對有限，並非涵蓋日常生活的全部內容，而是選取最有代表性、必要性的部分。很多墓例都是以少數陳設、器物精簡地呈現出家居環境，而剪、熨斗組合在其中十分突出。

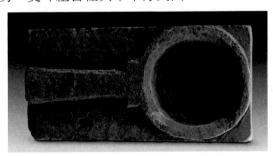

圖4　宋墓出土熨斗磚雕

　　值得注意的是，剪、熨斗、直尺常與搭掛衣巾之用的衣架、放置衣物的衣櫃同置一壁。這種搭配爲解讀圖像意義提供了重要的線索，提示我們不應孤立地看待裝飾元素，而需結合其他內容，以組合的方式來觀察墓內圖像。例如，在河南鄭州地區發現的一座宋墓中，墓室東壁砌出衣架，衣架下浮雕

〔註10〕崔世平：《河北因素與唐宋墓葬制度變革初論》，收於《中國時期喪葬的觀念風俗與禮儀制度學術研討會論文集》，北京：科學出版社，2016年版，第72～90頁。

熨斗、尺、簧剪、鐎斗，衣架南部砌梳粧檯，臺上雕鏡架，臺下爲梳妝盒，南側立三足燈檯。〔註 11〕這些墓壁裝飾同處一壁，在形式和內容上存在許多關聯。剪、熨斗、尺皆與縫紉、剪裁衣物有關，也因此與衣架形成固定搭配；另一側的鏡臺、鏡架和妝奩，作爲與梳妝活動相關的家具、用品，暗示著梳妝類的場景或空間。

圖 5　河南滎陽槐西宋墓東壁壁畫

　　此外，河南滎陽槐西宋墓也提供了相似的布局。該墓爲長方形土洞墓，墓室四壁雖未設磚雕，皆以彩繪裝飾。墓壁上層畫孝子故事圖，下層描繪了以墓主爲中心的家居場景。西壁表現墓主宴飲、僧侶做法。北壁正中繪婦人啓門、兩側爲侍者。東壁則與前文所述的鄭州南關外宋墓東壁構圖一致：左側繪直尺、交股剪、熨斗；中部畫衣架，架下繪一櫃，正面設鎖和鑰匙；右側則直接繪二名女子，其間立一鏡架，架上懸鏡，對鏡梳妝（圖 5）。〔註 12〕

〔註 11〕鄭州市文物考古研究所：《鄭州市二七路兩座磚雕宋墓發掘簡報》，《中原文物》2012 年第 4 期，第 13～18、2、113 頁。

〔註 12〕鄭州市文物考古研究所等：《滎陽槐西壁畫墓發掘簡報》，《中原文物》2008 年第 5 期，第 22 頁。

此墓壁畫雖繪製粗糙，但整體的圖像內容似乎涵蓋了宋墓裝飾中最爲主要的題材，從宴飲、侍奉、梳妝、啓門到孝子故事。其中東壁上彩繪剪刀、熨斗、直尺的主要目的很可能與它們的使用功能相關，而這些用具又與女子梳妝場景搭配在一起，二者共同呈現出一個象徵剪裁、熨燙、梳妝活動的空間。

二、器與圖

墓壁上表現的剪刀、熨斗、直尺都是唐宋時期常見的生活用具。剪刀，又稱「翦刀」、「劑刀」，最早可見於先秦，爲截裁布帛之工具。至漢代，出現兩刃相交的屈環彈簧剪，五代時期開始流行後刀與柄間裝軸的支軸剪。〔註13〕熨斗，也稱「火斗」、「銅斗」，自漢代開始出現，多用於熨燙紡織品。一般爲圓形平底，似斗勺，長柄，可將火置於斗中，從上按下，使之平帖。〔註14〕尺作爲度量之物，起於先秦，主要爲測量布帛之用，在唐宋時期尺的形式有明確規定。〔註15〕

這類剪刀、熨斗、直尺圖案很可能顯示出當時流行的器用樣式（圖 6）。剪刀有時表現爲交股曲環式，有時則爲支軸式。熨斗常作圓形侈口斗，帶長柄，偶而還會在斗中繪出炭火。尺的形式多浮雕或彩繪爲長直尺，正面分若干等分，標出刻度。整體來看，這些圖像都描繪出器物的輪廓，雖然簡潔，但也相當直觀。河北武邑龍店兩座宋墓的西壁上都砌衣架、衣櫃，櫃右側豎直雕出直尺、剪刀、熨斗的大致形狀，同時注意細節化的處理，不僅將器物塗黑，還在熨斗中繪出炭火的痕跡。〔註16〕又如河北平山兩岔 5 號宋墓的西南壁上浮雕剪刀和熨斗，熨斗柄部兩側出有花牙，剪刀也表現得極爲逼眞（圖7）。〔註17〕

〔註13〕皇莆江、周新華等：《刀劍剪春秋》，杭州：中國美術學院出版社，2010 年版，第 15 頁。

〔註14〕張小東：《漫話熨斗》，《紫禁城》1985 年第 1 期，第 28～29 頁。另外，漢唐墓葬中出土的熨斗與鐎斗很容易混淆，熨斗爲熨燙布匹之用，鐎斗則是用來溫煮食物的器具，功能與器形都不相同。相關討論見徐家珍：《熨斗和鐎斗、刁斗》，《文物》1958 年第 1 期，第 32～33 頁。宋墓中有時會將兩者一同表現出來。

〔註15〕矩齋：《古尺考》，《文物參考資料》1957 年第 3 期，第 25～28 頁。

〔註16〕河北省文物研究所：《河北武邑龍店宋墓發掘報告》，第 323～329 頁。

〔註17〕河北省文物研究所：《河北平山縣兩岔宋墓》，《考古》2000 年第 9 期，第 49～60 頁。

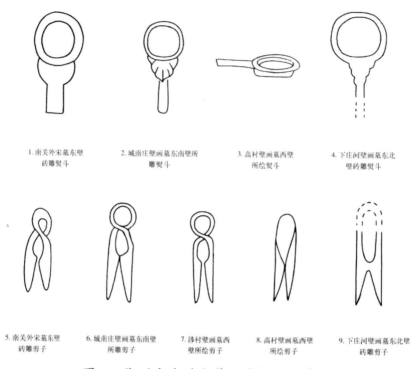

1. 南关外宋墓东壁　　2. 城南庄壁画墓东南壁所　　3. 高村壁画墓西壁　　4. 下庄河壁画墓东北
　　砖雕熨斗　　　　　　雕熨斗　　　　　　　　所绘熨斗　　　　　　壁砖雕熨斗

5. 南关外宋墓东壁　　6. 城南庄壁画墓东南壁　　7. 涉村壁画墓西　　8. 高村壁画墓西壁　　9. 下庄河壁画墓东北壁
　　砖雕剪子　　　　　　所雕剪子　　　　　　壁所绘剪子　　　　所绘剪子　　　　　　砖雕剪子

圖 6　鄭州宋代壁畫墓所見熨斗、剪刀

圖 7　河北平山兩岔 5 號宋墓出土剪刀、熨斗磚雕

　　器物圖像均可在出土實物中找到對應的形式。實際上，唐宋時期的墓葬中也發現有剪、熨斗等實物。湖北宜城皇城村唐墓出土的鐵剪呈「8」字交股形，與湖北襄樊油坊崗宋墓中的剪刀圖案基本一致。〔註 18〕河南洛陽澗西地區的一座北宋熙寧五年（1072 年）墓中出土了兩把鐵剪，一把作交股曲環式，另一把後端繞成雙環，刃把之間安裝支軸，正好對應了墓壁上常見的兩類剪刀圖像。〔註 19〕又如遼寧建平遼墓出土一件鑄鐵熨斗，斗呈圓盤形，直柄，

〔註 18〕　相關報告，可見襄樊市博物館：《湖北襄樊油坊崗宋墓》，《考古》1995 年第 5
　　　　　期，第 407～413 頁；《宜城縣皇城村出土唐代文物》，《江漢考古》1992 年第
　　　　　2 期，第 96 頁。
〔註 19〕　皇莆江、周新華等：《刀劍剪春秋》，第 15 頁。

折口起沿，口沿部有花紋，內底有卷草和花紋圖案。〔註20〕該器雖略有裝飾，其大體的形式還是與宋墓中的熨斗磚雕相同。另外，宋墓中也常出土木製或漆製的直尺實物。〔註21〕例如，江蘇江陰孫四娘子墓隨葬了一枚雕花木尺，尺面等分十寸，每寸均浮雕海棠圖案，可與直尺圖像相對應。〔註22〕所以，正如宿白先生在討論河南白沙宋墓時提出的看法：剪刀、熨斗、直尺磚雕皆是對實際器用的視覺化呈現，主要目的還是以圖像來代替實物之用。〔註23〕

在墓中隨葬剪刀、熨斗的傳統可追溯至漢代。早在西漢時期，熨斗就已經作為隨葬器物。例如，長沙湯家嶺漢墓出土了一件銅斗，圓形，外折沿，敞口，直柄，柄上翹，底上墨書「張端君熨斗一」，明確標明器物的名稱與功用。〔註24〕隨後的東漢墓中也出土有熨斗，大多為銅質。〔註25〕至北朝，西北地區發現了隨葬熨斗、剪刀的墓例。寧夏固原北周李賢夫婦墓中曾出土銀製熨斗、剪刀各一件，用材相當考究。〔註26〕相關組合在 5 到 7 世紀的新疆吐魯番、阿斯塔納地區十分常見，許多墓葬都隨葬有剪刀、尺、針線等。如吐魯番發現的北涼彭氏墓中出土了 5 件鉛質微型明器，包括刀、尺、熨斗、剪刀等，可能為一組縫紉、裁剪類用品。〔註27〕

這類用具與女性的活動緊密相關，常被記錄在隨葬的衣物疏中。〔註28〕另外，衣物疏中出現「右上所條悉是年年所生用之物」〔註29〕的表述，說明它們也可能為墓主生前所用之物。生器對於其所有者來說具有相當重要的意

〔註20〕馮永謙：《遼寧省建平、新民的三座遼墓》，《考古》1960 年第 2 期，第 15～24 頁。

〔註21〕陸雪梅：《從蘇州博物館藏宋尺談起》，《東南文化》2002 年第 11 期，第 48～49 頁。

〔註22〕蘇州博物館等：《江陰北宋「瑞昌縣君」孫四娘子墓》，《文物》1982 第 12 期，第 28～35 頁。

〔註23〕宿白：《白沙宋墓》，第 54 頁。

〔註24〕湖南省博物館：《長沙湯家嶺西漢墓清理簡報》，《考古》1996 年第 4 期，第 75 頁。

〔註25〕徐家珍：《「熨斗」和「鐎斗」、「刁斗」》，第 32～33 頁。

〔註26〕宿白：《寧夏固原北周李賢墓札記》，《寧夏文物》第 3 期，1989 年，第 2～3 頁。

〔註27〕吐魯番地區文物保管所：《吐魯番北涼武宣王沮渠蒙遜夫人彭氏墓》，《文物》1994 年第 9 期，第 75～81 頁。

〔註28〕相關出土材料，見國家文物局古文獻研究室等：《吐魯番出土文書》，北京：文物出版社，1981 年版，第三冊，第 9、66、69 頁。

〔註29〕國家文物局古文獻研究室等：《吐魯番出土文書》，第三冊，第 69 頁。

義。敦煌文書 S.5381 背面的 10 世紀左右的康氏遺書中就明確提到，死後應隨葬其生前常用的木尺與剪刀：

> 日落西山昏，孤男流（留）一群。
>
> 剪刀並柳尺，賤妾隨身。
>
> 盒令殘妝粉，流（留）且與後人……〔註30〕

此類器物在中古時期可能確實暗示著女性活動，另外它們不僅僅是日常工具，還與家庭祭祀有關。唐《異聞錄》中記載一老婦路中求宿時，偶遇一墓室，墓主梁氏在哭訴其夫董江續娶新婦之事時，提到刀尺之物的重要性：

> 今嗣子別娶，徵我筐筥刀尺祭祀舊物，以授新人。我不忍與，是有斯責。〔註31〕

在這則故事中，刀尺等既是主婦身份的標誌，也具有家庭祭祀中的禮儀用品的功用。文獻中雖然明確寫到尺、剪刀等物，但是需要注意的是，據學者研究，唐墓中常見的實物組合主要以鐵剪與銅鏡爲主，並未包括尺、熨斗。唐代兩京、河北、遼寧以及西北地區盛行隨葬交股式鐵剪與銅鏡。它們多隨葬於女性墓中，屬於女性用具，可能分別象徵著「女功」與「女容」的意涵。〔註32〕

剪刀繼續出現於遼金時期的墓葬中。遼寧、河北等地的遼墓常隨葬各式鐵質生活用具，其中包括剪與熨斗。例如，遼寧朝陽地區發現的一座遼墓中出土了鐵質熨斗、剪刀各一件，其中熨斗爲圓形盤，折口起沿，執柄上有圓孔，剪刀把作環狀，刃身有心形鏤孔，似爲實用器。〔註33〕除了隨葬實用器外，遼金墓中還放入了相關的陶質明器。遼寧朝陽馬場村遼墓中出土了一套泥質灰陶的生活用具，其中包括一件陶熨斗和一件陶剪（圖8）。

〔註30〕 黃永武主編：《敦煌寶藏》，第 42 冊，臺北：新文豐出版社，1982 年版，第 288 頁。

〔註31〕 〔宋〕李昉等：《太平廣記》卷三百四十三《盧江馮媼》，北京：中華書局，1961 年版，第 2718～2719 頁。

〔註32〕 范淑英：《銅鏡與鐵剪——唐墓隨葬品組合的性別含義及喪葬功能》，收於《中國時期喪葬的觀念風俗與禮儀制度學術研討會論文集》，第 193～215 頁。

〔註33〕 靳楓毅：《遼寧朝陽前窗戶村遼墓》，《文物》1980 年第 12 期，第 17～29 頁。另外，內蒙古寧城小劉杖子遼墓、內蒙古昭烏達盟上燒鍋遼墓、河北官莊遼墓等都出土了包括剪刀、熨斗在內的成組鐵器。相關報告可見：寧城縣志編委會：《寧城縣志》，呼和浩特：內蒙古人民出版社，1992 年版，第 1045 頁；項春松：《上燒鍋遼墓群》，《內蒙古考古文物》1982 年第 2 期，第 56～64 頁。

〔註 34〕另外，河北宣化下八里遼墓、北京大玉胡同遼墓、北京北程莊遼金墓中也都隨葬有剪、熨斗等陶明器。〔註 35〕我們需要考慮遼金墓中剪刀、熨斗作爲整套鐵質或陶製器物中的一部分，是否仍象徵著女性用品與活動，它們與其他隨葬品間的關係又如何。

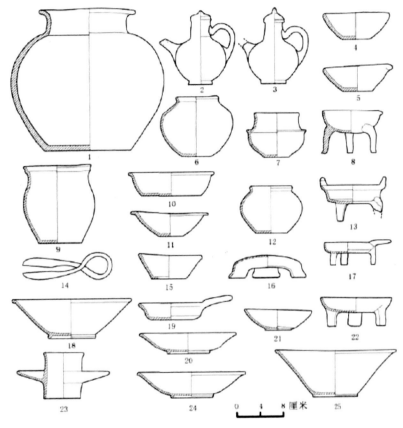

圖 8　遼寧朝陽馬場村遼墓出土灰陶明器

　　雖然這一傳統看似具有延續性，但是其組合、形式和意涵在不同的時期、區域、文化之中都不斷發生著變化。唐代流行銅鏡與鐵剪的隨葬組合，至遼

〔註 34〕　於俊玉等：《遼寧朝陽馬場村遼墓發掘簡報》，《文物春秋》2016 年第 5 期，第
　　　　　50～57 頁。
〔註35〕　張家口市文物事業管理所等：《河北宣化下八里遼金壁畫墓》，《文物》1990
　　　　　年第 10 期，第 1～19 頁；北京市文物管理處：《近年來北京發現的幾座遼墓》，
　　　　　《考古》1972 年第 3 期，第 35～40 頁；北京市文物研究所：《大興北程莊墓
　　　　　地：北魏、唐、遼、金、清代墓葬發掘報告》，北京：科學出版社，2010 年版，
　　　　　第 24～160 頁。

金時期墓中則多配置包括熨斗、剪刀在內的一系列實用器或明器。即便是在 10 至 11 世紀同一時段內，不同地區或群體也通過多樣的形式來表現同類用品。鐵質、陶製的剪刀、熨斗主要出現在遼地，而宋墓則偏好以磚雕或壁畫來表現相關組合。〔註 36〕它們是同一內容的不同表現形式。可以確定的是，不論其材質如何，該組合出現在墓中的主要原因源於這類用具的實際功用；不論是器還是圖，它們都與墓葬建築共同營建出了象徵性的空間。〔註 37〕

三、從「搗練」到「熨帛」

河北井陘地區的一組墓群爲我們理解本文考察的圖像組合提供了關鍵信息。在井陘柿莊家族墓地發現的 14 座宋金墓中，8 座墓內都裝飾了剪刀、熨斗圖像。最爲有趣的是柿莊 6 號墓，其大致時代推測爲北宋政和年間之後，墓內的壁畫內容非常豐富（圖 9）。南壁東側繪樹木坡石，一牧童手持長鞭，身旁十隻羊，其後尾隨一犬；西側畫蘆葦河邊，一牧童趕牛三頭、驢馬各一匹頭向東徐行。西壁南側表現一樹垂柳下，男墓主坐在椅上觀賞伎樂，旁有侍者；北側爲長窗，窗下墨繪小豬，兩側雕剪刀、熨斗。北壁正中砌假門，兩側各闢一窗。墓室東壁畫面右邊繪一男子擔水，旁砌三足燈檠，中間部分繪三名女子，其中二人雙手拉帛，另一人熨帛，左側爲二名女子，一人開櫃取衣，另一人作捶衣狀，上部懸掛布帛衣物（圖 10）。〔註 38〕

圖 9　河北井陘柿莊 6 號墓墓壁展開圖

〔註 36〕這種材質、媒介上的差異源於各地不同的喪葬傳統與墓葬形制。中原北方地區的鄉紳富民多採用仿木構磚室墓，墓內隨葬器物極少，似乎有意以墓壁上的彩畫或磚雕器物來代替實物。另外，這也許與當時紙質明器的流行有關。

〔註 37〕有關器物與圖像的討論，另見袁泉：《物與像：元墓壁面裝飾與隨葬品共同營造的墓室空間》，《故宮博物院院刊》2013 年第 2 期，第 54～71 頁。

〔註 38〕河北省文化局文物工作隊：《河北井陘縣柿莊宋墓發掘報告》，《考古學報》1962 年第 2 期，第 31～71 頁。

圖 10　河北井邢柿莊 6 號墓東壁搗練圖

　　柿莊 6 號墓東壁上的壁畫尤爲引人注意，整個場景表現出捶打、熨燙紡織品的主要步驟，也因此被稱作「搗練圖」。其中在熨燙布帛的畫面之中，熨帛女子還使用了熨斗，展示出該器物在實際生活中的使用方式。更有趣的是，該墓不僅繪出了女性熨帛場景，還在該圖對面西壁北側的長窗下直接雕出剪刀、熨斗，似乎不斷在墓中強調裁剪、熨燙、縫紉的活動空間。剪刀、熨斗是否與搗練的場景有關？這種強調的目的何在？

　　我們首先需要瞭解搗練的文學與圖像傳統。搗練，有時又稱「搗衣」，是唐宋時期製衣的重要工序。古代的「練」是一種生絲織品，需要煮熟後用砧杵搗練，以便脫去絲帛中的絲膠，使其柔軟、更有光澤、更易於著色，然後熨平使用。這原本只是一種生產活動，後來逐漸被賦予了詩意化的內涵。中古時期流行一種以「搗衣」爲名的詩歌，常常將搗衣活動進行文學化的加工，使其成爲了表達女性閨怨的重要題材。〔註 39〕唐王建的《搗衣曲》屬於此類詩歌：

> 婦姑相對神力生，雙揎白腕調杵聲。
> 高樓敲玉節會成，家家不睡皆起聽。
> 秋天丁丁復凍凍，玉釵低昂衣帶動。
> 夜深月落冷如刀，濕著一雙纖手痛。

〔註39〕相關研究，見李暉：《唐詩「搗衣」事像源流考》，《華東師範大學學報（哲學社會科學版）》2000 年第 2 期，第 119～123 頁；衣若芬：《閨怨與相思：牟益〈搗衣圖〉的解讀》，《中國文哲研究集刊》第 25 期，2004 年 12 月，第 25～59 頁；石潤宏：《宋詞「搗衣」意象的變化》，《文學界》2011 年第 12 期，第 124～126 頁。

　　　　回編易裂看生熟，鴛鴦紋成水波曲。

　　　　垂燒熨斗帖兩頭，與郎裁作迎寒裘。〔註40〕

　　詩中既有對浸練、搗練、熨練流程的生動記載，同時也具有「秋天丁丁復凍凍」的閨怨意象。「搗衣」在文學中成爲了一種象徵和符號。「搗衣詩」也帶動了「搗衣圖」類繪畫的出現。根據張彥遠《歷代名畫記》中的記載，東晉、南朝的不少名家如張墨、陸探微等都畫過此類題材，可惜都未能留存下來。目前可見的最早的搗練圖，發現於長安興教寺遺址中的一個石槽上，石槽兩邊各刻一幅初唐時期的線刻畫，圖中表現立於庭院中的數名宮廷女性，身旁有山石、樹木、修竹環繞，畫面正中的四名女子手執細腰木杵，正在搗衣（圖11）。〔註41〕

圖 11　長安興教寺出土初唐石刻

　　另外一幅重要的作品是波士頓美術館所藏的《搗練圖》，傳爲宋徽宗摹唐代張萱之作。據學者研究，該圖是一件 12 世紀初的摹本，底本可能出自 8 世紀中期。〔註42〕整幅畫面可分爲三組人物：右側描繪四名女子，兩人一組，各執一木杵搗練；中間表現了兩名女性團坐，正在絡線、縫紉；左側則展現燙熨的場景，兩名女子將一匹練伸展，中間一婦人手持熨斗，身旁穿插煽火的少女和幼童，充滿生活的意趣（圖12）。〔註43〕如果我們將波士頓美術館的

〔註40〕〔清〕彭定求，等：《全唐詩》，北京：中華書局，1999 年版，第 3382 頁。

〔註41〕劉合心：《陝西長安興教寺發現唐代石刻線畫「搗練圖」》，《文物》2006 年第 4 期，第 69～77 頁。

〔註42〕黃小峰：《四季的故事：〈搗練圖〉與〈虢國夫人遊春圖〉再思》，第 73～75 頁。

〔註43〕相關研究，另見陳繼春：《唐張萱〈搗練圖〉及其相關問題》，《文博》2007 年第 2 期，第 22～30 頁；Lara Blanchard, "Huizong's New Clothes: Desire and Allegory in Court Ladies Preparing Newly Woven Silk," *Ars Orientalis*, vol.36, 2009, pp.111-135.

《搗練圖》與井邢柿莊 6 號墓中的搗練場景相比可以發現，兩圖在內容的表現上既有差異又有相似之處。

圖 12　波士頓藝術博物館藏宋徽宗摹張萱《搗練圖》

首先，兩畫中的搗衣場景較爲不同。波士頓美術館的《搗練圖》中描繪兩女對立持杵，布帛平鋪於盆內，四人兩兩輪番進行搗杵。柿莊 6 號宋墓東壁左側表現一女子坐於盆邊，捶打浸泡在盆中的布帛，右側繪挑水之人，應是挑水作浸泡、捶洗之用。這種差異在一定程度上反映出唐代以來絲綢精練工藝的發展。唐代以前的精練工藝主要是灰練、煮練和搗練。唐代開始採用胰酶劑精練工藝對蠶絲中的絲膠進行溶解。至宋代，這一工藝得到普及。〔註44〕所以，宋代以後的搗練法，由原來的四人站立執杵發展爲兩人對坐捶打，勞動強度大大減輕。晚唐以來的文獻中也都記載有雙人雙杵對坐搗練的情況，「搗衣」已不再是製衣流程中的關鍵步驟。

其次，這兩幅作品都表現了女性熨燙布帛的活動。熨帛場景在波士頓美術館《搗練圖》中佔據很大的比重（圖 13）。井邢柿莊 6 號墓則將熨帛場景置於整個東壁的中心。二者都反映出「熨帛」活動及其圖像在中晚唐以來的流行。絲織物在脫水晾乾後，往往還需熨燙處理，才能達到伸展平順的效果。因爲搗練在製衣工藝中的地位下降，熨燙絲帛的步驟開始凸顯。據黃小峰的研究，也正是在晚唐以後，「熨帛」這一場景開始逐漸詩意化，成爲了一種獨立的圖像樣式，既可以與搗衣圖組合成序列，也可以單獨成幅。〔註45〕北宋郭若虛在《圖畫見聞志》中談到周文矩時，曾提到作爲單獨畫題出現的「熨帛」圖：

〔註44〕錢小萍主編：《中國傳統工藝全集·絲綢織染卷》，鄭州：大象出版社，第168～169頁。
〔註45〕黃小峰：《四季的故事：〈搗練圖〉與〈虢國夫人遊春圖〉再思》，第80頁。

有「貴戚遊春」、「搗衣」、「熨帛」、「繡女」等圖傳於世。〔註46〕

元代柯九思在看過其畫作之後，曾作《題周文矩〈熨帛士女圖〉》：

熨開香霧細裁縫，蜀錦吳絞五色濃。

雲母屏前秋冷淡，自將纖手折芙蓉。〔註47〕

「熨帛」意象在文學與圖像中都成爲了一種象徵和符號。至明代，該題材發展爲宮廷女性活動的代表，可與弈棋、觀畫等活動並列。

圖 13　宋徽宗摹張萱《搗練圖》局部

井邢柿莊 6 號墓東壁的搗練、熨帛場景就是在這樣的文化背景中產生的。畫面既圖繪出了製衣的工藝流程，也是該時期流行的女性閨怨題材。柿莊墓群的大部分墓葬中還浮雕有熨斗、剪刀，這兩個元素作爲日常器用，象徵了與「熨帛」、「裁衣」有關的生產活動，是女性活動與空間的代表物。另外，如《異聞錄》故事所示，此類物品也許還與禮儀祭祀活動有關。從具象化的搗練場景到象徵性的視覺元素，整個空間變得更爲簡潔，但卻仍富有深意。

實際上，對於婦功類內容的視覺刻畫並非唐宋時期的獨創，紡織作爲中國古代女性的基本生產活動，早在漢代時期就已經進入喪葬藝術的傳統，與

〔註46〕〔宋〕郭若虛：《圖畫見聞志》卷三，收入於安瀾：《畫史叢書》，上海：上海人民美術出版社，1982 年版，第一冊，第 42 頁。

〔註47〕宗典：《柯九思史料》，上海：上海人民美術出版社，1985 年版，第 134 頁。

其內容相關的圖像題材也多具有象徵性的意涵，代表了社會家庭對理想女性的期待。〔註48〕

四、性別空間

由表二可知，剪刀、熨斗，偶而也包括直尺、針線笸籮，時常與衣架、衣櫃、鏡架、巾架組合在一起，共同裝飾特定壁面。上文提到的河北故城西南屯晚唐墓中都在西壁上浮雕剪刀、熨斗，旁砌一櫃，上置針線笸籮。〔註49〕剪、尺、熨斗、針線等作為女性常用的裁衣、熨燙、縫紉用具，它們與衣架、衣櫃的組合，具有功能上的相關性，即都與衣物、絲帛有關。類似的組合形式在稍後時期冀東、山東等地元墓中繼續保留，並發展出西壁表現衣架衣櫃、東壁表現穀倉糧屯的題材組合，其中雖未刻畫剪刀、熨斗等器用，但東西壁分別暗示了「衣帛滿櫃」和「糧粟滿倉」之意。〔註50〕我們目前尚難判定唐宋墓葬中的剪、熨斗與衣架組合是否也隱含著衣帛豐足的意涵，但就整個墓室的圖像配置來看，唐宋時期的磚室墓似乎僅是通過相關陳設、器用來呈現與製衣活動有關的空間。

表二　剪刀、熨斗圖像以及其他各壁題材

墓例	時代	南壁	西壁	北壁	東壁
河北故城西南屯1號墓	晚唐	券門、假窗、倚柱	假門、剪刀、熨斗、衣櫃、針線笸籮	假門	一桌二椅
河北武邑龍店2號宋墓	北宋慶曆二年（1042）	券門、假門	衣架、衣櫃、罐、圓鏡、熨斗、剪刀、花卉及一女子	假門、門側人物	一桌二椅、酒瓶、注子、杯，以及侍者
河北武邑龍店3號宋墓	北宋	券門、人物、燈檠、假門	衣架、衣櫃、烏靴、熨斗、剪刀及一人	假門、門側人物	一桌二椅、酒瓶、注子、杯以及侍者

〔註48〕陳長虹考察了漢畫中的紡織圖，並梳理了紡織類圖像的發展，提出女性紡織場景具有明確的象徵意義。見陳長虹：《紡織題材圖像與婦功——漢代列女圖像考之一》，《考古與文物》2014年第1期，第53～69頁。

〔註49〕衡水市文物管理處：《河北故城西南屯晚唐磚雕壁畫墓》，第129～138頁。

〔註50〕袁泉討論了蒙元時期北方墓葬中的「東倉西庫」圖像組合，相關討論見《死與生：小議蒙元時期墓室營造中的陰陽互動》，《四川文物》2014年第3期，第74～82頁。

河南鄭州南關外胡進墓	北宋至和三年（1056）	券門	一桌二椅、注子、杯盞等、三足燈臺			假門、二窗	衣架、剪刀、尺、二熨斗、梳粧檯、鏡架、箱、筆架、硯與墨錠		
河南鄭州捲煙廠宋代54號磚雕墓	北宋早中期	券門、燈檠、盆架	一桌二椅、注子、杯盞、食盒、小口瓶、燈架			北壁已毀	衣架、簧剪、尺、熨斗、鑷斗、梳粧檯、鏡架、妝奩、櫃、筆架、裁紙刀、硯臺、墨錠		
河南鄭州二七路88號宋墓	北宋	券門	一桌二椅、注子、杯盞、櫃、筆架			假門、二窗	衣架、熨斗、尺、簧剪、鑷斗、梳粧檯、鏡架、妝奩、三足燈臺		
河南滎陽槐西宋墓	宋末金初	券門、一人一馬、盆架	一桌二椅、注子、杯盞等、墓主夫婦及四位僧侶			婦人啓門、二窗、四名侍女、黑貓	直尺、交股剪、熨斗、櫃、衣架、鏡架、二女子		
河南泌陽對外貿易總公司1號宋墓	北宋中後期	南壁：券門	西南壁：一桌二椅、注子、茶盞、盞托		西北壁：弓箭、箭囊、直櫺窗	北壁：假門與兩窗	東北壁：直櫺窗、燈臺		東南壁：櫃、二盒、衣架、箱、剪刀、熨斗
河南登封城南莊宋墓	北宋後期	南壁：券門	西南壁：盆架、梳妝圖	西壁：一桌二椅、女性墓主及侍從	西北壁：燈臺、櫃	北壁：假門	東北壁：鏡架	東壁：衣架、花卉	東南壁：交股剪、熨斗、燈檠
河北井陘柿莊4號宋墓	宋末金初	南壁：券門	西南壁：婦人啓門	西壁：墓主宴飲圖	西北壁：櫃、盒、烏靴、樸頭、剪刀、熨斗	北壁：婦人啓門、假窗	東北壁：婦人啓門	東壁：燈檠、短案及絹	東南壁：婦人啓門

　　另外，與縫紉類用具、衣架櫃等一同出現的還包括鏡架、銅鏡、妝奩等，偶而還搭配巾架、盆架。這類元素均與女性的梳妝、梳洗活動有關。〔註51〕滎陽槐西宋墓的東壁上除了彩繪剪、尺、熨斗與衣架外，還在右側直接繪出二名女子，中間立鏡架，上懸一枚圓鏡。鏡左的女子梳高髻，正在對鏡梳妝，右邊女子雙手合於胸前，回眸望鏡。在該場景的右側，即墓門東側繪一盆架，

〔註51〕王靜：《中國古代鏡架與鏡臺述略》，《南方文物》2012年第2期，第218～220頁。

束腰鼓腿，上置一盆，架上搭一條碎花毛巾（圖14）。〔註52〕從墓葬圖像題材的角度來看，兩幅畫面都是對閨閣之中女性生活用具、場景的描繪，兼具女工與女容的寓意，生動地建構出了女性的日常家居環境。

圖14　河南滎陽槐西宋墓墓壁展開圖

「墓葬空間」近些年來成爲討論墓葬美術史的基本概念，它既指墓室的實際空間，也可將墓室作爲研究框架，討論墓室中的元素如何有機地整合在墓室方位、空間的關係之內。這一視角有助於幫助我們打破圖像、器物和建築的傳統類別，也可以將關注點從孤立的圖或器轉移到它們之間的關係上。〔註53〕「性別空間」是空間討論中的重要概念，也可見於墓葬研究。河南登封城南莊宋墓提供了一個非常典型的例子。該墓墓室爲八角形，各壁面均有裝飾：西南壁砌盆架；西壁砌一桌二椅，繪女性墓主及侍女（圖15）；西北壁砌燈臺、櫃，櫃上設鎖；東北壁下砌鏡架；東壁砌一衣架，架間有花卉；東南壁左側砌交股剪、熨斗，右側砌三足燈檠（圖16）。城南莊宋墓除了明確繪出女性墓主外，各壁上的陳設也可視作與性別有關的視覺元素，整個墓室通過暗示梳洗、梳妝、縫紉、熨帛等場景，營造出了一個屬於女性的特殊空間。

性別空間在墓葬中的呈現確實值得關注，然而，僅僅從圖像角度出發是否可以推斷出墓主人的性別身份？答案很可能是否定的。與性別相關的圖像題材有助於性別空間的塑造，但是墓葬是裝飾、隨葬品、葬具、建築空間的複雜組合，過於關注某些孤立的元素有時可能會導致過度解讀。

〔註52〕鄭州市文物考古研究所等：《滎陽槐西壁畫墓發掘簡報》，第22頁。

〔註53〕巫鴻：《黃泉下的美術》，北京：生活‧讀書‧新知三聯書店，2010年版，第13～88頁；巫鴻：《「空間」的美術史》，上海：上海人民出版社，2017年版，第11頁。

圖 15　河南登封城南莊宋墓西壁

　　實際上，宋代磚室墓中並不只是描繪出與女性活動相關的內容，許多墓例都表現出雙重的性別空間。在河南鄭州捲煙廠發現的一座宋代磚雕墓中，墓室西壁雕一桌二椅、燈臺，北壁砌一門二窗，東壁砌衣架、梳粧檯等。整體來看，圖像的布局十分精簡，但墓室東壁上的細節仍值得進一步分析。東壁正中為衣架，衣架上懸掛一根腰帶，下有三塊豎磚分別浮雕剪刀、熨斗、鎌斗；衣架南側雕梳粧檯，檯上有一鏡架，架上掛圓鏡，檯下雕妝盒，表面上下飾兩朵雲紋；衣架北側砌一櫃，櫃中部雕鎖和鑰匙，櫃上南側雕筆架、

筆、裁紙刀，北側浮雕一硯，硯上方雕長條形墨錠。以上圖像皆爲磚雕，其中梳粧檯及鏡架塗朱紅色，鎖和硯臺塗爲黑色。〔註 54〕如果從器物的種類與功能進行解讀，東壁上的衣架、鏡臺、妝奩、剪刀與熨斗表明了與女性相關的場景，而另一側箱子上的筆架、筆、硯與墨錠象徵著書寫場景，似乎與男性的日常活動有關。〔註 55〕非常有趣的是，墓室中部的棺床上發現了兩具人骨，雖保存很差，無法確認性別，但至少說明該墓爲合葬墓，在一定程度上與墓室內的裝飾題材相對應。

圖 16　河南登封城南莊宋墓墓壁展開圖

河北井陘柿莊 4 號宋墓也提供了類似的例子，只是呈現男性空間的元素稍作改變。墓室東壁砌一桌二椅，繪出男女墓主及侍從；西北壁正中砌衣櫃，

〔註 54〕鄭州市文物考古研究院：《鄭州捲煙廠兩座宋代磚雕墓簡報》，《中原文物》2014年第 3 期，第 12～17 頁。

〔註 55〕另外，鄭州南關外胡進墓中的墓壁裝飾與其十分相似，見河南省文化局文物工作隊第一隊：《鄭州南關外北宋磚室墓》，第 52～54 頁。

上置八角形盒，盒上放一雙長靿烏靴，再上倒懸黑色展腳襆頭，左上側雕熨斗、剪刀（圖17）。〔註56〕這種布局似乎也在視覺層面上對應了墓主性別，以象徵性的符號來呈現出男女墓主的生活空間。另外，河南泌陽地區發現的一座宋墓也證實了上述圖像布局。該墓西南壁砌一桌二椅，桌上雕注盞。西北壁左側砌弓一張、箭四支、箭囊一個，右側砌直欞窗。東北壁砌直欞窗和燈檠。東南壁左側砌矮足櫃，上置兩盒，中部砌衣架，之下砌一箱，箱右下角磚雕剪刀、熨斗。泌陽宋墓的西北、東南兩壁似乎分別以弓箭和箭囊、熨斗和剪刀兩組元素來指代不同性別的活動空間。

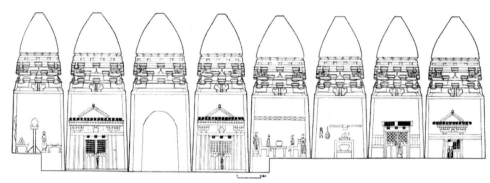

圖 17　河北井邢柿莊 4 號墓墓壁展開圖

　　這種圖像設置使人不由地聯想到河北曲陽五代時期的王處直墓。〔註 57〕在王處直墓中，前室北壁正中繪山水畫，東西兩壁各有一個耳室，室內布滿壁畫。其中東耳室東壁上部畫山水屏風，屏風前置長案，案上自北向南依次放置帽架、黑色展腳襆頭、長方形盒、圓盒、瓷器、鏡架、箱、掃帚、葵口瓶（圖 18）；西耳室西壁的上部繪花鳥屏風，前面長案上依次繪盒子、鏡架、箱、瓷枕、如意形盒子、細頸瓶、大奩、圓盒和飾花小盒（圖 19）。〔註 58〕這些器用皆被解讀為墓主生前所用之物，該墓也是通過特定的「器」在兩側耳室中呈現出男女墓主的私人化的起居環境。

〔註56〕河北省文化局文物工作隊：《河北井邢縣柿莊宋墓發掘報告》，第31～71頁。

〔註57〕該墓一經出土便引起了許多學者的關注，有關其墓葬壁畫、浮雕的研究也頗為豐富。相關研究，見鄭以墨：《五代王處直墓壁畫的空間配置研究——兼論墓葬壁畫與地上繪畫的關係》，《美苑》2010 年第 1 期，第 72～76 頁。

〔註58〕河北省文物研究所：《五代王處直墓》，北京：文物出版社，1998 年版，第 15～31 頁。

圖 18　河北曲陽五代王處直墓東耳室東壁壁畫

圖 19　河北曲陽五代王處直墓西耳室西壁壁畫

上述視覺特徵是否為晚唐以來河北地區的墓葬傳統，仍有待考察，但值得注意的是，這種形式似乎一直延續至北宋中期。不少墓例將位於兩耳室的圖像元素或合併一壁，或分置兩壁，通過特定的器物，視覺化地呈現出分屬男女墓主的生活空間。從整體結構來看，宋墓極力模倣地上居所；從圖像裝飾上來說，這些墓葬也反映出了富民階層的生活場景、家庭結構，我們可以從許多內容中窺探到這一階層女子在家庭中的重要角色。〔註59〕

餘 論

綜上所述，宋墓中裝飾的剪刀、熨斗等組合似乎是時人對家庭中女性角色定位的折射，它們與梳洗圖等題材共同在墓葬中營造出一個具有象徵意義的家居環境。需要注意的是，這類圖像組合在墓葬中的出現，帶有鮮明的地域、時代特徵。剪、熨斗磚雕從最初見於晚唐、五代冀南與豫北地區的磚室墓，發展至北宋早中期豫中地區的仿木構磚雕墓。其原本的寓意很可能與女性活動密切相關，然而，隨著墓葬工藝、格套的傳播，剪熨組合的象徵性意涵在北宋後期豫中、豫西北等地的磚雕壁畫墓中逐漸消解，轉而發展出了多類表現內寢環境的圖像題材，並增添了人物的活動，包括女子梳妝、侍嬰、備洗、備宴等場景（圖20），更加直觀且多樣化。在這一過程中，剪刀、熨斗圖像也逐漸消失在墓室之中。

圖20　河南登封黑山溝宋墓東北、東、東南壁壁畫

〔註59〕李會：《從宋代墓葬壁畫看女性的地位與作用》，《中國國家博物館館刊》2011年第5期，第50～56頁。

　　十分有趣的是，至明初，剪刀、熨斗等物仍作爲重要的器用隨葬在女性墓葬中。《永樂大典‧喪‧喪禮四十六》中提到，明太祖爲成穆貴妃舉行喪禮時，其葬儀的儀仗包括「錫造剪子、鏡、火筯、熨斗……」等各式明器，似乎說明該組合已經進入官方的喪葬禮儀。〔註60〕

　　從 10 世紀敦煌康氏對於生前所用之物的眷戀，到明初宮廷對皇室女性葬儀的規範，不論是遼金墓葬中隨葬的實物，還是宋墓內壁上鑲嵌的磚雕圖案，剪刀、熨斗等物都進入了死者的世界。這背後也隱藏著中國古代文化對於「器」的執著。在本文所考察的案例中，「器」轉化爲「圖」，建構出了一個充滿視覺意味的死後空間。

（作者單位：復旦大學文史研究院）

────────────────

〔註60〕《永樂大典‧喪‧喪禮四十六》卷七千三百八十六，北京：中華書局，1986 年版，第 4 冊，第 3141 頁。

宋元時期禮器研究
——從淮安總管府儒學祭器談起

胡嘉麟

摘要：唐宋以來，學校教育與文廟祭祀結合起來，形成了廟學合一的固定體制。文廟祭祀成爲日常教學活動的一個重要內容，由此形成「由學尊廟，因廟表學」的格局。元代的地方文廟祭祀不僅繼承下來，還更加受到重視。然而，各級儒學祭器的種類、數量互不統一。元朝中期以後，儒學開始普遍鑄造青銅祭器，本文根據現存的元代淮安縣儒學祭器以及其他器物，結合石刻碑銘和文獻記載，來探討這個時期官學鑄造祭器的情況和禮儀制度的變化。

關鍵詞：元代；儒學；祭器

元朝開國之初，對於儒學的祭祀十分重視。元太祖十年（公元 1215 年）攻佔金中都（燕京）時，「都城廟學，既毀於兵。」王檝「取舊樞密院地復創之，春秋率諸生行釋菜禮。」〔註1〕至元世祖中統二年（公元 1261 年）六月，詔「宣聖廟，國家歲時致祭，諸儒釋奠……諸生與獻官揖詣講堂講書。」〔註2〕

〔註1〕 〔明〕宋濂等撰：《元史》卷一百五十三《王檝傳》，北京：中華書局，1976
　　　　年版，第 3612 頁。

〔註2〕 洪金富校：《元典章》卷三十一，《禁治騷擾文廟》「宣聖廟告朔禮」條，臺北：
　　　　中央研究院史語所，2016 年版，第 1003～1004 頁。

九月，「特詔立諸路提舉學校官。」〔註3〕十九年（公元 1282 年）四月「命雲南諸路皆建學以祀先聖。」〔註4〕二十四年（公元 1287 年）「設國子監……設江南各道儒學提舉司。」〔註5〕隨著忽必烈時期廣泛地採納宋、金和西夏的儒者推行「漢法」，儒學逐漸走向了復興。

《元史・祭祀志五》載：「成宗即位，詔曲阜林廟、上都、大都諸路府縣邑廟學、書院，贍學士地及貢士莊田，以供春秋二丁、朔望祭祀，修完廟宇。自是天下郡邑廟學，無不完葺。」〔註6〕大德年間，「廟學合一」的儒學格局正式形成。元朝學士廉訪使程鉅夫（公元 1249～1318 年）在《國子學先師廟碑》中講到元世祖初時，擬劃了京師建立廟學的基地，成宗時又詔立先聖廟，迄大德十年（公元 1306 年）廟成，至大元年（公元 1308 年）冬，學成。由此表明元朝中央官學是先建廟，後有學，廟、學相結合。〔註7〕馬維常在《大興府學孔子廟碑》中也講到世祖至元晚年重建的大興府學是因「故廟」建起的。〔註8〕

於是廟學就成為對各級儒學的通稱，有廟無學，不能稱做廟學；有學無廟，也稱不得廟學。元代統治者希望通過廟學來強化統治，為統治政權養士、化民。從遼、金、元時期的許多名臣，學者們所寫的儒學記、廟學記、州學記、縣學記以及有關的孔廟碑文，幾乎都可以看到廟學的功能包括「有學以教，有廟以事先聖先師」〔註9〕以及「由學尊廟，因廟表學」。〔註10〕

元朝各級儒學舉行釋奠禮離不開對祭器的使用，這些禮器主要承襲於前代。《元史・祭祀志》載：「中統以來，雜金、宋祭器而用之。至治初，始造新器於江浙行省，其舊器悉置幾閣。」〔註11〕但是種類、數量起初互不統一，

〔註3〕〔明〕宋濂等撰：《元史》卷四《世祖一》，第 74 頁。

〔註4〕〔明〕宋濂等撰：《元史》卷八十一《選舉志一》之《學校》，第 2032 頁。

〔註5〕〔明〕宋濂等撰：《元史》卷十四《世祖紀十一》，第 296～297 頁。

〔註6〕〔明〕宋濂等撰：《元史》卷七十六《祭祀志五》，第 1901 頁。

〔註7〕〔元〕程鉅夫：《國子學先師廟碑》，轉引自蔣天爵編：《元文類》卷一九，北京：商務印書館，1936 年版，第 237～238 頁。

〔註8〕〔元〕馬祖常：《大興府學孔子廟碑》，轉引自蔣天爵編：《元文類》卷一九，第 243～244 頁。

〔註9〕〔元〕馬祖常：《光州孔子新廟碑》，轉引自蔣天爵編：《元文類》卷一九，第 244 頁。

〔註10〕〔元〕元明善：《武昌路學記》，轉引自蔣天爵編：《元文類》卷二十九，第 374 頁。

〔註11〕〔明〕宋濂等撰：《元史》卷七十四《祭祀志三》，第 1847 頁。

鎮江路學祭器皆木器〔註 12〕，紹興路學祭器有陶器、木器和竹器，〔註 13〕廣州路學祭器鑄錫爲之〔註 14〕，紹興路新昌縣學皆石器，涿州路學祭器皆以陶器爲之〔註 15〕。元朝中期以後，隨著文廟祭祀的廣泛開展，儒學開始重視禮器的鑄造，天寧路總管郭友直就認爲：「教養所以興學，禮器所以將誠，教養偏廢則學不興，禮器不備則誠不盡，皆守臣效職之所以盡其責也。故學又錢糧以充其歲用者，贍師生，供祀事而已。……然有其禮無其器，樽俎不足供於前，豐潔無以陳於商，則雖致敬以有禮，而祀之誠有不盡者矣。教養兼舉，禮器兼備，賢守之自責，固如是之用心也。」〔註 16〕

元人對儒學文廟禮器的重視，從而促成元代中後期各地儒學普遍鑄造禮器，以完善文廟祭祀。此時，銅成爲鑄器通用的原料。例如元貞元年（公元1295 年）湖廣行省澧州路「範金爲祭器二百七十有二，竹木髹漆之具三百有四」。〔註 17〕永州路「幕工於廬陵（江西行省吉安路）範尊、罍、豆、洗、爵、坫、簠、簋一百四十有二，籩、俎、篚、幕亦一新之。」〔註 18〕文獻中記載的僅有這些禮器的名稱，然而通過傳世的實物資料，可以反映出當時豐富的禮制信息。

上海博物館和湖南省博物館各藏有一件淮安爵（圖一），兩件器物形制大小、紋飾、銘文皆相同。高 24.5 釐米，流口與尾平齊，兩端寬侈形似元寶狀，口沿中部有立柱，直腹圓底，下設三刀形足，一側有鋬，腹部飾獸面紋。流下有銘文：「監郡忽里臺，太守洪柱海彌，教授李遵憲，學正王崇德，學錄王思敏，至正庚寅歲淮安路儒學。」至正庚寅爲元順帝至正十年（公元 1350 年），

〔註 12〕〔元〕俞希魯纂修：《至順鎮江志》卷十一學校，南京：江蘇古籍出版社，1999年版，第 442 頁。

〔註 13〕〔清〕杜春生編錄：《越中金石記》卷七《重建紹興廟學圖》，清道光十年詹波館自刻本，第 6b～7a 頁。

〔註 14〕〔元〕陳大震、〔元〕呂桂孫撰：《大德南海志》卷九。轉引自宋元珍稀地方志叢刊（甲編 8），成都：四川大學出版社，2007 年版，第 87 頁。

〔註 15〕〔元〕揭傒斯：《文安集》卷十《涿州孔子廟禮器記》，文淵閣四庫全書本，第 7～8 頁。

〔註 16〕〔明〕郭友直：《儒學田土祭祀碑記》，轉引自《湖廣圖經志書》卷四《黃州府・藝文》，日本藏中國罕見地方志叢刊，北京：書目文獻出版社，1991 年版，第 413 頁。

〔註 17〕〔元〕姚燧：《姚文公牧庵集》之《澧州廟學記》，轉引自北京圖書館古籍珍本叢刊，北京：書目文獻出版社，1991 年版，第 26 頁。

〔註 18〕〔宋〕張山翁：《府學祭器記》，康熙《永州府志・藝文二》卷十九，日本藏中國罕見地方志叢刊，北京：書目文獻出版社，1992 年版，第 559 頁。

這是元代晚期儒學禮器的標準器。存世的元代儒學禮器數量不多，這件元寶形爵卻體現了元代晚期禮器樣式的一種新特點。這種新特點後來被明代禮器所吸收和繼承，從而成爲明代儒學禮器的主流。那麼，其樣式的來源和文化因素就是本文所要討論的內容。

圖一

　　首先，可以明確淮安爵與《博古圖》爵（圖二）的性質相同，非《三禮圖》爵（圖三），前者代表了對三代精神的復古情懷。以往研究認爲，宋元時期的禮器系統主要分爲兩類，即《三禮圖》系統和《博古圖》系統。《三禮圖》曾經在官方和民間有著相當廣泛和持久的影響力。從徽宗朝開始，《博古圖》成爲官方製造禮器的樣本。但是《政和五禮新儀》和《博古圖》系統的禮器在各地推行起來十分困難，行用不久即遭廢止。尤其是宋室南渡以後的紹興初年，由於時局動盪「新成禮器」在渡江時散失，朝廷所需的禮器主要由各地方政府製作，這個時候《三禮圖》又重新成爲官方製造禮器的樣本。〔註19〕

〔註19〕《中興禮書》卷五九《吉禮五十九明堂祭器》：「（紹興四年四月）二十七日，禮部侍郎陳與義等言……紹興元年明堂大禮所用祭器，爲新成禮器渡江盡皆散失，申明係依《三禮圖》竹木及陶器樣製造應副了當。今來明堂大禮所用祭器，係令太常寺畫樣，令臨安府下諸縣製造。」〔宋〕禮部太常寺：《中興禮書》。轉引自《續修四庫全書》，上海：上海古籍出版社，1996年版，第243頁。

紹興十三年，宋高宗舉行定都臨安後的首次郊祀大禮，所用禮器又按《宣和博古圖》樣式進行了初次改造，部分禮器易木爲銅，並且還有平江府按《博古圖》樣式燒造成的陶質「新禮器」。〔註20〕根據文獻記載，南宋的祭祀活動主要集中於高宗、孝宗二朝，之後各朝較爲怠慢，使用的器物數量也大幅減少。但是，與宮廷祭祀用器不同的《三禮圖》系統的禮器深深紮根於州、縣之間，難以動搖。

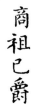

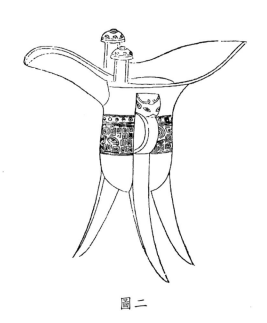

圖二

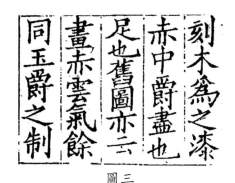

圖三

　　這種現狀一直持續到元代，從考古發現來看隨葬品中《三禮圖》和《博古圖》系統的禮器都有。例如 1990 年在洛陽西呂廟遺址發掘的元代賽因赤答忽墓〔註21〕出土有爵、尊、壺、豆、簠、盨（簋）都是仿三代青銅器製作的陶禮器（圖四）。1980 年在陝西寶雞大修廠發現的元代古墓〔註22〕出土的陶簋、陶簠則是傳統《三禮圖》系統的禮器。（圖五）1972 年至 1979 年在甘肅漳縣徐家坪汪世顯家族墓〔註23〕出土的器物則分別屬於兩套禮器系統，（圖

〔註21〕洛陽市鐵路北站編組站聯合考古發掘隊：《元賽因赤答忽墓的發掘》，《文物》1996 年第 2 期，第 22 頁。
〔註22〕劉寶愛、張德文：《陝西寶雞元墓》，《文物》1992 年第 2 期，第 28 頁。
〔註23〕甘肅省博物館：《甘肅漳縣元代汪世顯家族墓葬》，《文物》1982 年第 2 期，第 1 頁。

六）青銅爵和陶爵的樣式屬於《博古圖》，豆、登、簠、簋還有山尊的樣式屬於《三禮圖》。值得注意的是，賽因赤答忽爲蒙古族伯也臺氏。汪氏家族爲金、元、明隴西望族，根據墓誌所載汪氏「系出旺古族」、「亦沙陀突厥也」。蒙古貴族統治者對《博古圖》禮器的認同，恰好反映了元代祭祀禮儀是對宋代宮廷的繼承，並爲製造這種倣仿三代的儒學禮器提供了前提條件。

圖四

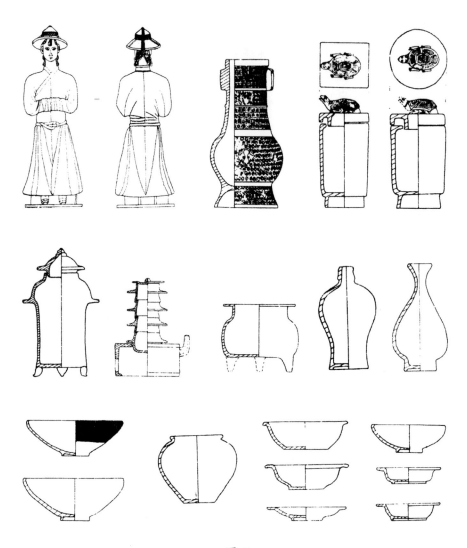

圖五

圖六

　　又如湖南省博物館藏的靈山簋（圖七）也是儒學禮器復古精神的一種表現。此器高 12.2、口長 21.4 釐米，器爲橢圓形，口稍斂，腹外鼓，底下收，花邊形足，兩側有獸形耳，口外中部有簡化獸首，兩側排列雲紋狀獸紋。原應有蓋，已經佚失，蓋頂一般有四個矩形鈕，仰置時成爲帶四足的食器。器內底銘文「欽州路靈山縣儒學祭器，至元己卯歲仲夏吉日置」，外底銘文「天臨趙府，李景深造」。從器內底銘文可知此器爲靈山縣儒學禮器，元代靈山縣屬湖廣行中書省海北南道欽州路。元代的長沙，其先稱潭州路。1323 年，泰定帝召圖帖穆爾自海南之瓊州（今海口）越五嶺北上，行至潭州又有旨命他暫停，在長沙滯居數月。1328 年泰定帝死，權臣燕鐵木爾發動政變，圖帖穆爾因此登上帝位，是爲元文宗。天曆二年（公元 1329 年）4 月將長沙改爲天臨路，因此這件靈山簋也是元代晚期的標準器。靈山簋與《博古圖》「大師小子望簋」（圖八）的形制幾乎相同，遵從《博古圖》系統的製作理念十分明顯。

圖七

周太師望簋

圖八

　　其次，淮安爵與《博古圖》爵雖然是一個系統，卻並非是仿《博古圖》製作的，當另有文本圖樣來源。這是因為元代中期仿製的儒學禮器與三代古器相比，其造型、紋飾都十分逼真。例如元代瀏陽文靖書院的大德乙巳爵和皇慶壬子爵（圖九），取法《博古圖》無疑彰顯出徽宗朝的古風，而元代晚期的淮安爵形制則稍有一些訛變。若將《紹熙州縣釋奠儀圖》爵（圖十）與兩者進行比較，可以發現《博古圖》爵與「紹熙圖」爵的差異並不小。後者儘管也有著仿製三代古器的夙願，但是摹畫的器物形制已經有所變化，細部的造型和紋飾多有杜撰之嫌。同樣，將靈山盨和「紹熙圖」盨（圖十一）進行對比也是如此。由此說明，「紹熙圖」的文本並非來自於《博古圖》。淮安爵與「紹熙圖」爵的三足雖然不完全相同，但是元寶形的口部卻顯示兩者有著密切的聯繫。

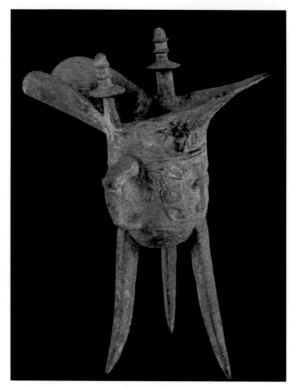

圖九

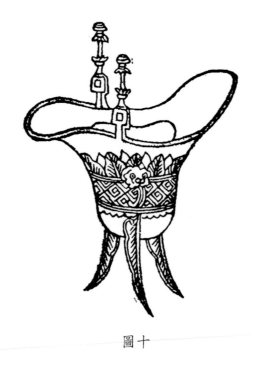

圖十

圖十一

　　紹興十四年（公元 1144 年）朝廷成立禮器局，由中央政府統一製作祭器，並明確規定郊壇須用陶質祭器，宗廟恢復古制用銅質祭器。南宋的陶質祭器本意是仿製三代青銅器，在造型和紋飾上刻意復古。2003 年杭州新宮橋東側河坊街築路工地出土的陶卣（圖十二）殘高 21 釐米、腹徑 23～25.5 釐米，尚缺頸、器蓋及提梁部分。陶卣土紅色厚胎，胎體中間呈灰黑色，內壁布滿模製壓坯的痕跡。剖面橢圓，鼓腹下垂，高圈足。卣腹和圈足的正反兩面分別模印有相同的獸面紋，通體填以密集的雲雷紋作爲地紋，周圍有四條凸起的扉棱。此器係南宋鳳凰山官窯燒造的陶質禮器，在鳳凰山南宋窯址和嚴官巷南宋御街遺址〔註 24〕的考古發掘品中，也發現有陶卣紋飾類似的陶器殘片或陶範，部分陶器殘片器表殘留有髹漆的痕跡。這件陶卣的形制和主體紋飾與商代青銅卣幾乎相同，大概是南宋鳳凰山官窯參照《博古圖》「商立戈卣」（圖十三）的圖樣專門製作的。

〔註24〕唐俊傑：《祭器、禮器、「邵局」——關於南宋官窯的幾個問題》，《故宮博物院院刊》2006 年第 6 期，第 49 頁。

圖十二

商立戈卣

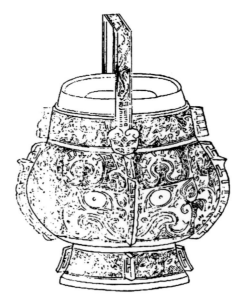

圖十三

　　隨著製造禮器局的成立，紹興十五年宋高宗詔令，按照紹興十三年圓壇正配位新禮器樣制，改造大尊六十四件、大罍二十四件。〔註25〕這些禮器正是平江府燒造的陶質禮器，不同的是新改造的禮器已由朝廷禮器局自行製造或督燒。朝廷將新禮器圖樣編繪成冊，開說印造「頒付州縣遵用」。繪編的新禮器圖樣就是《紹興禮器圖》，此書為南宋藏書家尤袤輯錄於《遂初堂書目》。後不幸毀於火災，僅存書目。但是，《紹興禮器圖》的部分內容可能被《紹熙州縣釋奠儀圖》所採納了。「紹熙圖」力主「範金合土」，除了木質的籩、簠等禮器外，犧尊、著尊、象尊、山尊、豆等禮器均標注了重量和尺寸，唯有大尊僅僅標注了尺寸，顯然大尊的材質與其他禮器不同，應是按照「器用陶匏」的郊祀特性製作的陶質禮器。

　　這種陶質禮器隨著翻模次數的增多，以及易於燒造的考慮，使得器形會發生一定程度的改變。2008年杭州烏龜山機電倉庫工地出土的陶簋（圖十四）為八方形剖面結構，直頸，鼓腹，獸首耳，三個獸首小足。腹部模印龍紋，其紋飾與南宋官窯陶貫耳壺和陶方壺非常相似，應該也是南宋郊壇的官窯製品。然而，可以看出此器雖是仿製類似於《博古圖》「害簋」（圖十五）的這種器物，但是整體形制卻有著明顯的不同。因此，再回過來看淮安爵與「紹熙圖」爵，或可認為是接受了陶瓷禮器的影響，而非《博古圖》的文本圖樣。

〔註25〕《中興禮書》第九卷《嘉禮九‧郊祀祭器一》：「紹興十五年十一月四日，禮部言：……將來南郊大禮應合用祭器並合仿博古圖等樣制專委官改造，伏乞朝廷詳酌指揮施行，勘會大禮朝享太廟合用祭器。詔令段拂、王鈇一就討論，同王晉錫製造：一圓壇正配位尊罍並豆並係陶器，犧尊、象尊、壺尊各二十四，豆一百二十並蓋，簠簋各二十四副，已上博古圖該載制度，於紹興十三年已行燒造外，內有未應博古圖等樣制，今討論合行改造太尊六十四、大罍二十四，已上博古圖該載見依三禮圖燒造。今討論欲依見今圓壇正配位新禮器改造……詔依。」〔宋〕禮部太常寺：《中興禮書》，第37～38頁。

圖十四

周宰辟父敦一

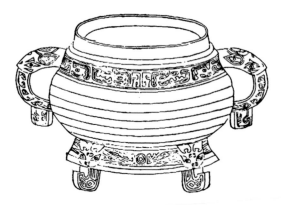

圖十五

　　這個推斷從商周時期的陶爵和仿陶銅爵的關係中可以得到驗證。河南三門峽虢國墓地 M2001 出土有兩件陶爵 M2001：118（圖十六）和 M2001：151（圖十七），M2012 還出土有兩件四足陶爵 M2012：23（圖十八）和 M2012：75（圖十九）〔註 26〕，陶爵的杯體爲元寶形，有的尖尾已經變爲圓弧形，腹部較淺，平底下置足。這是由於筒狀深腹、圜底附三足的爵杯會導致杯體過重且不易陰乾，這種樣式在燒製時會因三足無法支撐而斷塌，所以明器陶爵多採用這種腹部較淺的元寶造型。在山西翼城大河口霸國墓地 M4052 還發現有一件仿陶銅爵（圖二十）〔註 27〕，此器基本是仿製西周晚期明器陶爵的造型，與商周時期的銅爵截然不同。在元代這種造型的瓷爵也有發現，安徽歙縣中國人民銀行支行工地出土的景德鎮窯藍釉爵杯（圖二十一），高 9 釐米、口徑 6.9～11.5 釐米，淺腹，杯體作元寶形，流口靠中間的位置設兩圓柱，腹部有一周凸弦紋，三角形的高尖足外撇。此器與「紹熙圖」爵的圖樣非常相似，充分證明了「紹熙圖」與宋元時期陶瓷禮器的關係，也說明了淮安爵形制的訛變當是來源於這些陶瓷禮器。

<table>
<tr><td>圖十六</td><td>圖十七</td></tr>
</table>

〔註 26〕河南省文物考古研究所、三門峽市文物工作隊：《三門峽虢國墓地》（第一卷），北京：文物出版社，1999 年版，第 71、261 頁。

〔註 27〕山西博物院、山西省考古研究所、深圳博物館：《封邦建霸——山西翼城大河口墓地出土西周霸國文物珍品》，北京：文物出版社，2016 年版，第 204 頁。

圖十八　　　　　　　　　　　　　圖十九

圖二十　　　　　　　　　　　　　圖二十一

　　再次，淮安爵取法於宋元時期的陶瓷禮器樣式具有比較深刻的社會根源。元代祭祀「雜金、宋祭器而用之」，金人南下劫掠了大量的徽宗朝禮器以及高宗紹興年間的「新成禮器」，南宋的銅質禮器大多堙滅，存留下來的數量非常有限。這是由於南宋「銅貴錢賤」的狀況日盛，民間多熔錢作器牟取暴利，加之銅錢外流屢禁不絕，南宋朝廷終於由「錢荒」導致了「銅荒」，以致於在紹興二十八年七月高宗曾出御府銅器千五百事送鑄錢司〔註 28〕，孝宗也

〔註28〕《續資治通鑑》卷第一百三十二云：「高宗紹興二十八年七月戊寅，起居舍人洪遵論鑄錢利害，大略謂：『今錢寶少，多爲錯毀作器用，而南過海，北渡淮，所失至多。』帝諭大臣曰：『遵論頗有可採。前後銅禁，行之不嚴，殆成虛文……』己卯，帝出御府銅器千五百事送鑄錢司，遂大斂民間銅器。」北京：中華書

於淳熙三年撥出禁中銅器八千餘兩交付尚書省鑄錢〔註29〕。迄至南宋末年，南宋皇室對圓壇、太廟所用的禮器只有「內有銅者，陶木以代之」，因此元人所見的宋代禮器只能是以陶瓷質的禮器為主。

　　根據《元史·祭祀志》的記載，至治年間禮器模式發生了重大轉變，「始造新器於江浙行省」。〔註30〕文獻雖未說明所謂「新器」的樣式，但是從至治前的儒學禮器可以看出兩者的差異是比較明顯的。1981 年湖南常德慈利縣出土的靖州簠〔註31〕（圖二十二）作折腹式，口沿下有一段直壁，腹部兩側有環形耳，圈足作鏤空的波曲形，腹壁上、下兩端各飾有重環紋和波曲紋。銘文記有：「大德乙巳靖州達魯花赤脫歡等知州許武略判官田進義吏目郭中等謹識云。」靖州簠是靖州儒學禮器，結合文靖書院簠亦有「大德乙巳」年款，可知這種造型的簠是大德年間製造禮器的標準樣式。但是，靖州簠的形制既非出於《博古圖》（圖二十三），又與《紹熙州縣釋奠儀圖》（圖二十四）不完全相同，表現出這個時期儒學禮器的一種特點。

圖二十二

　　局，1957 年版；《宋史》本紀第三十一《高宗八二》：「（二十八年）秋七月己卯，命取公私銅器悉付鑄錢司，民間不輸者罪之。」〔清〕畢沅：《續資治通鑒》，上海：上海古籍出版社，1987 年版，第 720 頁。

〔註29〕　《宋會要輯稿》第一百三十八冊《食貨》三四之三一、三二：「淳熙三年閏六月十三日，宰執言：恭觀內批禁中發下銅器八千餘兩付尚書省。前此高宗壽皇皆曾禁約，終不能止……」。〔清〕徐松輯：《宋會要輯稿》，北京：中華書局，1957 年版，第 5390 頁。

〔註30〕　〔明〕宋濂等撰：《元史》卷七十四《祭祀志三》，第 1847 頁。

〔註31〕　劉廉銀：《慈利縣出土的元代銅簠》，《文物》1984 年第 5 期，第 81 頁。

周叔邦父簠

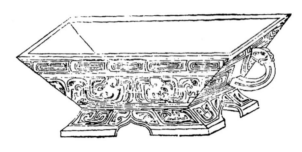

圖二十三

圖二十四

　　上海博物館藏有一件湖州簠（圖二十五），此器通高 8.4 釐米、口橫 25 釐米、口縱 19.8 釐米，口沿微折，斜壁，兩側有一對環形附耳，腹壁上端飾雲雷紋，下端飾變形的卷龍紋，圈足爲波浪形，裝飾有海水紋，海水紋是元代紋飾的一個特色。銘文記有「元統乙亥湖州路儒學置學錄張凌直學趙元祥陳勿安。」元統乙亥爲元順帝三年（公元 1335 年），這件器物也是元代晚期的標準器。對照「紹熙圖」簠這種有波浪形圈足的應該是簠蓋，由此可知「新器」的樣式大致是按照《紹熙州縣釋奠儀圖》製造的。始造於江浙行省是因爲當地延續了政和、紹興禮器模式的傳統，並且也與朱子之學在江浙之地的流行有關。朱熹對仿古禮器非常重視〔註32〕，《紹熙州縣釋奠儀圖》則是繼承了徽宗朝以來士大夫的復古理想。南宋至元代朱子之學在淮水以南的影響，使得《紹熙州縣釋奠儀圖》成爲書院舉行釋奠禮祭器的坎本。

圖二十五

　　綜上所述，淮安爵屬於《博古圖》系統的禮器，但是其文本圖樣並非來自於《博古圖》和《紹熙州縣釋奠儀圖》。由於南宋時期陶瓷禮器的大量燒造，

〔註32〕　《晦庵先生朱文公文集》別集卷八《釋奠申禮部檢狀》記：「某伏見政和年中議禮局鑄造祭器，皆考三代器物遺法，制度精密，氣象淳古，足見一時文物之盛，可以爲後世法，故紹興十五年曾有聖旨，以其樣制開說印造，頒付州縣遵用。」〔宋〕朱熹：《晦庵先生朱文公文集》，轉引自四部叢刊本，第 5 頁。

導致仿陶瓷的青銅禮器樣式會有所訛變。通過這種造型的禮器或許可以窺探出已經亡佚的《紹興禮器圖》的部分面貌，作為《紹熙州縣釋奠儀圖》的文本來源影響到元代禮器的製作。以淮安爵為代表的元代官學禮器與《紹熙州縣釋奠儀圖》沒有直接的承襲關係，他們所承襲的應該都是以《博古圖》系統禮器為基礎的南宋宮廷陶質禮器樣式。

相比於元代早期書院禮器大多沿用《博古圖》文本的情況，元代中後期的官學禮器則會較多的使用《紹熙州縣釋奠儀圖》或者南宋陶瓷禮器的樣本，《博古圖》的影響力逐漸弱化。日本大阪市立東洋陶瓷美術館有一件高麗的仿銅青瓷簠（圖二十六），此器高 9 釐米、口橫 27.9 釐米、口縱 24 釐米。作折腹的樣式，直壁飾兩周雲雷紋，腹斜壁有一對環形耳，環形耳作繩索狀，圈足為波浪形。高麗青瓷簠與「紹熙圖」幾乎相同，說明宋元儒學禮器對域外漢文化圈的影響力。正是從這種「凝土為質」到「範金合土」的轉變，是禮器形制發生重大變化的主要原因。明代以降，隨處可見這種幾乎異化了的青銅禮器或陶瓷禮器。

圖二十六

（作者單位：上海博物館青銅器研究部）

景德鎮明代民窯青花瓷的
考古發現及年代學研究*

陳沖

摘要：自 20 世紀初，在世界範圍內發現大量青花瓷，出土遺址涉及生產、流通和使用等各個環節，相關考古發現除窯址外，還屢見於國內外墓葬、城址、窖藏、貿易點、沉船等各類遺跡。本文在全面梳理民窯青花瓷發現的基礎上，歸納總結其年代學研究的成果和不足，提出在對民窯青花瓷進行考古學斷代時，關鍵在於依靠遺址地層或遺跡單位確定器物組合關係，來判定青花瓷的相對年代；而在對青花瓷進行類型學分析時，應綜合考量器型、紋飾、款識和製作工藝等因素，避免將型式分析單一化、繁瑣化，從而使論述結果不夠清晰和直觀，編年框架流於寬泛；最後，再結合紀年墓、紀年器、繪畫、版畫和靜物畫等材料判定各組年代，從而建立景德鎮民窯青花瓷的編年體系，揭示歷史時期手工業發展的一般規律。

關鍵詞：景德鎮；民窯；青花瓷；考古學斷代；編年體系

青花瓷是景德鎮重要的手工業產品。有明一代，民窯青花瓷產量巨大、品種豐富、行銷海內外。自 20 世紀初，在世界範圍內發現大量青花瓷，出土遺址涉及生產、流通和使用等各個環節，相關考古發現除窯址外，還屢見於國內外墓葬、城址、窖藏、貿易點、沉船等各類遺跡。

---

* 本文爲教育部人文社會科學研究 2013 年度青年基金項目《沉船所見景德鎮明代青花瓷的考古學研究》成果，項目批准號 13YJC780001。

　　大量青花瓷的發現，引申出很多值得探討的問題，至今也取得了一系列的研究成果。然而，在考古學研究中，器物的年代學是各項研究的基礎，但目前尚缺乏運用考古學的方法對景德鎮明代民窯青花瓷進行整體斷代的研究，完備的民窯青花瓷編年體系尚未建立。

　　本文在全面梳理民窯青花瓷發現的基礎上，歸納總結其年代學研究的成果和不足，探討適用於青花瓷的考古學年代研究方法。

一、考古發現

1、中國遺址

（1）窯址

　　明清時期，景德鎮瓷業生產幾乎完全集中在市區，除湖田一帶延續燒造至 15 世紀晚期至 16 世紀早期，郊區其他舊日窯場均已成爲廢墟。1980 年代起，對瑤里栗樹灘〔註1〕、北郊暘府山〔註2〕窯址進行過調查，市區內的十八橋、賽寶坦、花園裏、劉家弄、太白園、勝利路和蓮社路等地也有零星發現〔註3〕，爲瞭解景德鎮明代窯業遺存的分佈和今後考古工作的開展提供了線索。

　　經過正式考古發掘的有 1988～1999 年湖田窯址〔註4〕、2002～2004 及 2014 年明清御窯遺址〔註5〕、2005 年麗陽瓷器山窯址〔註6〕和 2007 年觀音閣

〔註1〕　黃雲鵬：《明代民間青花瓷的斷代》，《景德鎮陶瓷》1986 年 3 期，第 28～45 頁；歐陽世彬：《十五世紀景德鎮民窯研究》，《陶瓷學報》第 21 卷 2 期，2000 年 6 月，第 72～85 頁。

〔註2〕　陳沖、劉未：《景德鎮暘府山明代窯址瓷器之考察》，《水下考古學研究》第 2 卷，北京：科學出版社，2016 年版，第 121～139 頁。

〔註3〕　江建新：《景德鎮窯業遺存的考察與研究》，《陳昌蔚紀念論文集》第 3 輯，臺北：財團法人陳昌蔚文教基金會，2006 年版，第 77～130 頁；曹建文《近年來景德鎮窯址發現的克拉克瓷器》，《中國古陶瓷研究》第 10 輯，北京：紫禁城出版社，2004 年版，第 141～149 頁。

〔註4〕　江西省文物考古研究所、景德鎮民窯博物館：《景德鎮湖田窯址》，北京：文物出版社，2007 年版。

〔註5〕　北京大學考古文博學院、江西省文物考古研究所、景德鎮市陶瓷考古研究所：《江西景德鎮市明清御窯遺址 2004 年的發掘》，《考古》2005 年第 7 期，第 35～41 頁；北京大學考古文博學院、江西省文物考古研究所、景德鎮市陶瓷考古研究所：《江西景德鎮明清御窯遺址發掘簡報》，《文物》2007 年第 5 期，第 4～47 頁；景德鎮市陶瓷考古研究所、北京大學考古文博學院、江西省文物考古研究所、故宮博物院：《江西景德鎮明清御窯廠遺址 2014 年發掘簡報》，《文物》2017 年第 8 期，第 4～42 頁。

〔註6〕　故宮博物院、江西省文物考古研究所、景德鎮市陶瓷考古研究所：《江西景德

窯址〔註7〕。瓷器山窯址年代為 15 世紀早中期，湖田窯址出土青花瓷以 15 世紀晚期至 16 世紀早期產品為多，觀音閣窯址包含 16 世紀窯業堆積，御窯遺址出土民窯青花瓷年代集中於 17 世紀前期。其中觀音閣窯址地層關係明確，器物組合豐富，為明代民窯青花瓷的考古年代學研究提供了重要資料。

（2）墓葬

出土明代民窯青花瓷的紀年墓 69 座，主要分佈於江西、四川、江蘇和浙江等省，時代從明正統二年（1437 年）至清順治三年（1646 年）。所出器物以碗、盤、罐、瓶、爐為多，為明代民窯青花瓷絕對年代的推斷提供較高參考價值。

（3）窖藏

出土民窯青花瓷的明代窖藏 33 處，多見於四川地區，所出器物以碗、盤、碟為主。窖藏的埋藏年代除個別為 15 世紀中期至 16 世紀早期外〔註8〕，其餘多集中在 17 世紀前期〔註9〕。此外，成因較為特殊的北京毛家灣瓷片坑〔註10〕則包含了大量 15 世紀晚期至 16 世紀早期以前產品。

（4）城址

城市考古所見明代民窯青花瓷，發現較早且非常重要的是南京明故宮玉帶河遺址〔註11〕，出土器物年代跨度較大，貫穿明代始終，這批材料引導了

鎮麗陽瓷器山明代窯址發掘簡報》，《文物》2007 年第 3 期，第 17～33 頁。

〔註7〕北京大學考古文博學院、江西省文物考古研究所、景德鎮市陶瓷考古研究所：《江西景德鎮觀音閣明代窯址發掘簡報》，《文物》2009 年第 12 期，第 39～58 頁。

〔註8〕代表窖藏：蘇裕民：《永登出土明代青花瓷器》，《文物》1994 年第 1 期，第 94～95 頁；廣東省博物館、香港中文大學文物館：《廣東出土五代至清文物》，1989 年版，圖 76。

〔註9〕代表窖藏：趙義元：《北川縣發現明代窖藏瓷器》，《四川文物》1989 年第 1 期，第 70～72 頁；何志國、許蓉、胥澤蓉：《綿陽市紅星街出土明代窖藏》，《四川文物》1990 年第 2 期，第 35～40 頁；黃桂珍：《明代秦王府瓷藏珍：西安解放路出土的明青花窖藏》，《收藏界》2004 年第 6 期，第 13～17 頁；劉恒武：《西安明代秦府北門出土的景德鎮青花瓷》，《南方文物》1998 年第 4 期，第 71～74 頁。

〔註10〕北京市文物研究所：《毛家灣明代瓷器坑考古發掘報告》，北京：科學出版社，2007 年版；北京市文物研究所：《北京毛家灣出土瓷器》，北京：科學出版社，2008 年版。

〔註11〕南京博物院、香港中文大學文物館：《朱明遺萃：南京明故宮出土陶瓷》，1996 年版；王志敏：《明初景德鎮窯「空白點」瓷》，《中國陶瓷》1982 年第 3 期第 53～58 頁，1982 年第 4 期第 57～64 頁，1982 年第 5 期第 67～69 頁。

早年的年代學研究。近年來，成都下東大街〔註 12〕及水井街〔註 13〕、襄陽民主路〔註 14〕、永順老司城〔註 15〕等遺址發掘資料得到刊布，多具備較好的地層關係，便於考古年代學的討論。

（5）貿易點

竹蒿灣遺址（Penny's Bay）位於香港大嶼山東北部，1975 年發現，先後進行三次發掘，出土約 500 餘件可復原的青花瓷，另有 2000 多件殘片，所屬年代爲 15 至 16 世紀初期〔註 16〕。據研究，竹蒿灣遺址爲成弘之際的貿易走私港〔註 17〕。

花碗坪遺址位於廣東台山上川島，1965 年發現，隨後進行過多次調查，出土 16 世紀中期的民窯青花瓷〔註 18〕，該遺址當與葡人西來初期的貿易活動有關〔註 19〕。

〔註 12〕 成都文物考古研究所：《成都市下東大街遺址考古發掘報告》，《成都考古發現 2007》，北京：科學出版社，2009 年版，第 452～539 頁。

〔註 13〕 四川省博物院、四川省文物考古研究院、成都文物考古研究所：《水井街酒坊遺址發掘報告》，北京：文物出版社，2013 年版。

〔註 14〕 襄樊市文物考古研究所：《襄陽城內民主路遺址明代遺存發掘簡報》，襄陽市文物考古研究所編《襄樊考古文集》第 1 集，北京：科學出版社，2007 年版，第 478～498 頁。

〔註 15〕 湖南省文物考古研究所、湘西自治州文物局、永順縣文物局：《永順老司城》，北京：科學出版社，2014 年版。

〔註 16〕 James Hayes, "Archaeological Site at Penny's Bay, Lantau", *Journal of the Hong Kong Archaeological Society*, Vol.11, 1984～1985, pp.95-97; William Meacham, "A Ming Trading Site at Penny's Bay, Lantau", *Journal of the Hong Kong Archaeological Society*, Vol.12, 1986-1988, pp.100-115; Peter Y. K. Lam, "Ceramic Finds of the Ming Period from Penny's Bay—An Addendum", *Journal of the Hong Kong Archaeological Society*, Vol.13, 1989-1992, pp.79-90；中港考古研究室：《大嶼山竹蒿灣舊財利船廠望東坑遺址 2000 年考古搶救發掘工作報告》，香港古物古蹟辦事處藏，2000 年版。

〔註 17〕 林梅村：《大航海時代東西方文明的衝突與交流：15～16 世紀景德鎮青花瓷外銷調查之一》，《文物》2010 年第 3 期，第 84～96 頁。

〔註 18〕 黃薇：《上川島明代外銷瓷器調查與初步研究》，北京大學碩士學位論文，2006 年；黃薇、黃清華：《廣東台山上川島花碗坪遺址出土瓷器及相關問題》，《文物》2005 年第 7 期，第 78～88 頁；黃薇、黃清華：《上川島與十六世紀中葡早期貿易》，香港城市大學中國文化中心、陶瓷下西洋研究小組《陶瓷下西洋：早期中葡貿易中的外銷瓷》，香港：香港城市大學出版社，2010 年版，第 60～87 頁。

〔註 19〕 林梅村：《澳門開埠以前葡萄牙人的東方貿易：15～16 世紀景德鎮青花瓷外銷調查之二》，《文物》2011 年第 12 期，第 61～71 頁。

葡萄牙於嘉靖三十六年（1557 年）落腳澳門，荷蘭於天啓二年（1622 年）佔據臺灣，澳門〔註20〕和臺灣〔註21〕地區出土青花瓷則以 16～17 世紀產品為主，多見所謂外銷性質的「克拉克瓷」。

2、國外遺址

（1）東亞

日本於 1960～70 年代全國範圍內興起的考古調查與發掘工作中，在多處城址、寺院、墓葬和窖藏遺址發現明代民窯青花瓷。1975 年，日本東京國立博物館舉辦「日本出土的中國陶瓷」特別展，較為全面地收錄並記述了早期的調查與發掘情況〔註22〕。70 年代，日本愛知縣陶瓷資料館針對日本城館遺跡出土陶瓷進行研究展示，收錄了日本一都二府十八縣總計八十處遺址出土陶瓷〔註23〕。1980 年，日本貿易陶瓷研究會成立，陸續有明代民窯青花瓷出土資料發表於會刊《貿易陶瓷研究》，較為重要的如福井縣一乘穀倉氏宅邸遺址〔註24〕、大阪府堺環濠遺址〔註25〕、山梨縣新卷本村窖藏等〔註26〕。1993

〔註20〕 劉朝暉、鄭培凱：《澳門出土的克拉克瓷器及相關問題探討》，鄭培凱主編《泛海逐波：十六至十七世紀中國陶瓷外銷與物質文明擴散國際學術研討會論文集》，香港：香港城市大學中國文化中心，2012 年版，第 34～52 頁；Armando J.G. *Sabrosa, De Macau a Lisboa-Na Rota das Porcelanas Ming*, research project, Instituto Cultural da Ream, Lisbon, 2003；馬錦強：《澳門出土明代青花瓷器研究》，北京：社會科學文獻出版社，2014 年版。

〔註21〕 盧泰康：《澎湖風櫃尾荷據時期陶瓷遺物之考證》，《故宮文物月刊》第 221 期，2001 年版，第 116～134 頁；盧泰康：《十七世紀臺灣外來陶瓷研究：透過陶瓷探討明末清初的臺灣》，成功大學歷史學研究所博士論文，2006 年，第 39～72 頁；盧泰康：《從臺灣與海外出土的貿易瓷看明末清初中國陶瓷的外銷》，鄭培凱主編《泛海逐波：十六至十七世紀中國陶瓷外銷與物質文明擴散國際學術研討會論文集》，香港：香港城市大學中國文化中心，2012 年版，第 237～252 頁；謝明良：《臺灣宜蘭淇武蘭遺址出土的十六至十七世紀外國陶瓷》，《美術史研究輯刊》第 30 期，第 83～184 頁。

〔註22〕 東京國立博物館：《日本出土の中國陶磁》，東京：東京國立博物館，1978 年版。

〔註23〕 愛知縣陶磁資料館：《近世城館跡出土の陶磁》，愛知縣：圖錄刊行會，1984 年版。

〔註24〕 小野正敏：《福井縣一乘谷における陶磁器の組成機能と分擔》，《貿易陶磁研究》4，1984 年，第 75～80 頁。

〔註25〕 嶋谷和彥：《堺環濠都市遺跡（SKT14）出土の寬永 3 年~正保 4 年の陶磁器》，《貿易陶磁研究》7，1986 年，第 67～74 頁。

〔註26〕 小野正敏：《山梨縣東八代郡一宮町新卷本村出土の陶磁器》，《貿易陶磁研究》1，1981 年，第 47～55 頁。

年起，國立民俗歷史博物館牽頭，建設「陶瓷器出土遺跡數據庫」，其中出土青花瓷遺跡達 1527 處〔註 27〕。韓國發現的明代民窯青花瓷相對較少，1980 年代以來約 15 處遺址有所出土，多為 15 世紀晚期之後產品〔註 28〕。

（2）東南亞

明代青花瓷在東南亞的考古發現始於菲律賓。1922～25 年，密歇根大學卡爾‧古特（Carl E. Guthe）在菲律賓中南部進行調查，採集 8000 多件陶瓷標本，其中包含大量明代青花瓷〔註 29〕。美國學者亨利‧拜爾（Henry O. Beyer）於上世紀初期在菲律賓開展了大量考古調查與發掘工作，其關於明代青花瓷的年代認識也產生了深遠的影響。1930 年代，拜爾在黎剎省發掘 60 餘處遺址，出土大量明代青花瓷〔註 30〕。1940 年，哈佛大學奧洛夫‧詹森（Olov R. T. Janse）發掘呂宋島八打雁省的卡拉塔甘（Calatagan）墓地〔註 31〕，其中的 60 多座明墓出土青花瓷。1958 年，菲律賓國家博物館羅伯特‧福克斯（Robert B. Fox）對該墓地進行了更大範圍的發掘，共發掘 500 餘座墓葬，出土青花瓷近 300 件〔註 32〕。1961～62 年美國洛克辛夫婦（Leandro & Cecilia Locsin）發掘了馬尼拉的聖安娜（Santa Ana）墓地〔註 33〕，在發掘

〔註 27〕 國立歷史民俗博物館：《日本出土の貿易陶磁》西日本編 1～3 冊；東日本編 1～2 冊，千葉：國立歷史民俗博物館，1993、1994 年版。

〔註 28〕 曹周妍：《韓國出土明代瓷器的初步研究》，中國國家博物館水下考古研究中心《水下考古學研究》第 1 卷，北京：科學出版社，2012 年版，第 313～330 頁。

〔註 29〕 Carl E. Guthe, "The University of Michigan Philippine Expedition", *American Anthropologist*, Vol.29, No.1, 1927, pp.69-76. Kamer Ago-Oglu, "Ming Porcelain from Sites in the Philippines", *Archives of the Chinese Art Society of America*, Vol.17, 1963, pp.7-19.

〔註 30〕 Walter Robb, "New Data on Chinese and Siamese Ceramic Wares of the 14th and 15th Centuries", *Philippine Magazine*, Vol. 27, No.3, 4, 1930.

〔註 31〕 Olov R. T. Janse, "An Archaeological Expedition to Indo-China and the Philippines: Preliminary Report:, *Harvard Journal of Asiatic Studies*, Vol.6, No.2, 1941, pp.247-267; Olov R. T. Janse, "Notes on Chinese Influences in the Philippines in Pre-Spanish Times", *Harvard Journal of Asiatic Studies*, Vol. 8, No.1, 1944, pp.34-62.

〔註 32〕 Robert B. Fox, "The Calatagan Excavations: Two Fifteenth Century Burial Sites in Batangas", *Philippine Studies*, Vol. 7, No. 3, 1959, pp. 321-390; *The National Museum Special Exhibition of the Calatagan Excavations*, Manila: Bureau of Printing, 1961; Robert B. Fox, "Chinese Pottery in the Philippines", *The Fookien Times Yearbook: Internationally Recognized Chronicle on Philippine Progress*, 1962, pp.248-258.

〔註 33〕 Leandro & Cecilia Locsin, *Oriental Ceramics Discovered in the Philippines*, Rutland: Charles E. Tuttle Company, 1967.

的 15 座明墓中出土青花瓷。詹森、福克斯與洛克辛都參考拜爾的意見，認
爲出土青花瓷的年代約爲 14 世紀晚期至 15 世紀早期。英國駐菲律賓大使約
翰·艾迪斯（John M. Addis）著文全面介紹在菲律賓出土的中國陶瓷〔註34〕，
並對拜爾、福克斯等關於明代青花瓷的年代判定重新加以討論，認爲多屬
16 世紀的產品〔註35〕。1997 年，菲律賓東方陶瓷學會主辦名爲「菲律賓發
現的中國及越南青花瓷器」的展覽並出版圖錄，是迄今爲止有關菲律賓出土
中國青花瓷最爲全面的著作〔註36〕。近年，日本學者對馬尼拉西班牙王城
（Intramuros）多處地點出土的 16～17 世紀青花瓷予以介紹和研究〔註37〕。

　　比菲律賓地區的工作稍晚，婆羅洲馬來西亞所屬地區和文萊也相繼發現
明代青花瓷。直到 1964 年，沙撈越博物館是婆羅洲唯一的博物館，因此這
一地區系統的考古工作主要由館長湯姆·哈里森（Tom Harrison）主持。1948
～1967 年，哈里森在沙撈越河流域開展工作，在發掘的 31 處遺址中，基本
沒有發現明代青花瓷，據此，哈里森提出「明代間隔期」（Ming Gap）的概
念〔註38〕。1967～1977 年，沙撈越博物館在其西南部繼續開展工作，共發掘
15 處遺址，發現約爲 16 世紀早期之後的青花瓷〔註39〕，據此修正了所謂
「Ming Gap」的概念。1966～67 年沙撈越博物館還發掘了米里（Miri）的
Lobang Kudih 墓地〔註40〕，出土 17 世紀青花瓷。文萊地區，哈里森於 50～
60 年代在盧穆特河（Sungai Lumut）流域進行發掘〔註41〕，並於 1968 年發

〔註34〕 J. M. Addis, "Chinese porcelain found in the Philippines", *Transactions of the Oriental Ceramic Society*, 1967-68/1968-69, pp.17-35.
〔註35〕 J. M. Addis, "The Dating of Chinese Porcelain Found in the Philppines: A Historical Retrospect", *Philippine Studies.* Vol.16, no.2, 1968, pp.371-380.
〔註36〕 Larry Gotuaco et al, *Chinese and Vietnamese Blue and White Wares Found in the Philippines*, Manila, 1997.
〔註37〕 野上建紀等：《スペイン時代のマニラ出土磁器》，《金沢大學考古學紀要》28，2006 年，第 29～60 頁。
〔註38〕 Tom Harrisson, "The 'Ming Gap' and Kota Batu, Brunei", *The Sarawak Museum Journal*, Vol. 8, No. 11, 1958, pp.273-277.
〔註39〕 Lucas Chin & R. Nyandoh, "Archaeological Work in Sarawak", *The Sarawak Museum Journal*, Vol.23, No.44, 1975, pp.1-7;Lucas Chin, "Trade Pottery Discovered in Sarawak from 1948 to 1976", *The Sarawak Museum Journal*, Vol.25, No.46, 1977, pp.1-7.
〔註40〕 Charmian C. Woodfield, "Lobang Kudih: The excavation of a Ming Period burial cave, near Beluru, Miri Division, within the Baram basin", *The Sarawak Museum Journal*, Vol.61, No.82, 2005, pp.31-186.
〔註41〕 Barbara Harrisson, P. M. Shariffuddin, "Sungai Lumut: A 15 Century Burial Ground", *The Brunei Musedum Journal*, 1969, Vol.1 no.1, pp.24-61.

掘了著名的哥打巴圖（Kota Batu）遺址〔註42〕，兩處遺址出土大量 16～17 世紀的青花瓷，哥打巴圖出土者或可早至 15 世紀。

印尼經過科學考古發現的明代青花瓷不多〔註43〕，1936 年日本考古學者在印尼中部的蘇拉威西島望加錫附近進行了系統的發掘，出土中國瓷器 181 件〔註44〕。2001-2002 年度，日本再次進行調查，採集大量 15～17 世紀青花瓷〔註45〕。此外，新加坡〔註46〕等地區也有一些發現。

（3）南亞、西亞、北非、東非

南亞地區在印度果阿〔註47〕、斯里蘭卡〔註48〕出土 16 世紀中晚期至 17 世紀中期的產品。

在阿拉伯半島，較爲重要的遺址有靠近霍爾木茲海峽的祖爾法（Julfar）以及巴林國卡拉特巴林（Qal'at al-Bahrain）。祖爾法遺址位於波斯灣西南部阿曼群島北部，在阿拉伯哈伊馬角北部海域沿岸，綿延約 4 公里。自 1970 年以來進行七次發掘，遺址發掘出土器物以 14 世紀產品爲主，另外有少量 15 至 16 世紀的青花瓷〔註49〕。1980 年以前，法國考古隊曾在巴林卡拉特巴林遺址

〔註42〕 Tom Harrisson and Barbara Harrisson, "The Preliminary Report of the Kota Batu Excavation", *The Sarawak Museum Journal*, Vol. 7, Nos. 17-18, 1956, pp. 283-319; Barbara Harrisson, "A Classification of Archaeological Trade Ceramic from Kota Batu, Brunei", *The Brunei Museum Journal*, Vol.2, No.1, 1970, pp.114-187.

〔註43〕 Sumarah Adhyatman, *Antique Ceramics found in Indonesia, Various Uses and Origins*, 2nd ed., Jakarta: Ceramic Society of Indonesia, 1990.

〔註44〕 M・蘇萊曼：《東南亞出土的中國外銷瓷器》，中國古外銷陶瓷研究會《中國古外銷陶瓷研究資料》第 1 輯，1981 年版，第 68～75 頁。

〔註45〕 Inagaki Masahiro, Morimoto Asako, Ceramic Finds from the Somba Opu Castle Site, *Bulletin of the Research Center for Silk Roadology 20, A Study of Ceramic Trade on the Tirtayasa Site, Banten, Indonesia, The Strategic Point through the Ocean Silk Road*, 2004, pp.135-153.

〔註46〕 Kwa Chong Guan, "16th Century Underglazed Blue Porcelain Shards from the Kallang Estuary", *Heritage*, no.10, 1989, pp.76-81.

〔註47〕 SilaTripati, "Study of Chinese Porcelain sherds of Old Goa, India: Indicators of Trade Contacts", *Author version: Man Environ*, Vol.36(2), 2011, pp.107-116.

〔註48〕 Noboru Karashima, *In Search of Chinese Ceramic-sherds in South India and Sri Lanka*, Tokyo: Taisho University Press, 2004.

〔註49〕 趙冰、羅伯特・卡爾特爾、克莉斯強・威爾德：《佐爾法・努杜德港口遺址出土中國瓷片》，《文物》2014 年第 11 期，第 33～46 頁；Zhao, Bing, Robert Carter, Kevin Lane and Christian Velde, "The Rise and Ruin of a Medieval Port Town: Excavations at Julfar al-Nudud." In *Conference of the Seminar for Arabian Studies*. British Museum, London, 2011；佐々木達夫，Tatsuo Sasaki《ジュルファール

進行發掘〔註50〕。20 世紀以來，巴林、丹麥和法國考古隊分別對遺址做了更大面積的發掘〔註51〕，出土青花瓷分別屬於霍爾木茲（1487～1521 年）、葡萄牙（1521～1602/3 年）和薩法維（1602/3～1736 年）時期。

　　二十世紀初期，埃及學者開始調查並發掘福斯塔特遺址，日本、美國的學者和機構也相繼介入，出土大量 14 世紀晚期至 15 世紀的景德鎮青花瓷〔註52〕。東非地區，英國學者柯克曼在肯尼亞的拉穆群島、馬林迪和蒙巴薩等地區開展大量工作：1948-49 年發掘馬林迪的格迪古城遺址〔註53〕，出土 16 世紀的青花瓷；1958 年發掘蒙巴薩的耶穌城堡遺址〔註54〕，出土大量 17 世紀前期青花瓷；50 年代調查的馬林迪及曼布魯伊的 29 處柱墓，發現 15 世紀晚期至 16 世紀晚期的青花瓷〔註55〕。非洲東部的其他地區如坦桑尼亞〔註56〕、埃

出土陶磁器の重量》，《金沢大學文學部論集・史學・考古學・地理學篇》第 26 卷，2006 年，第 51～202 頁。

〔註50〕 Michele Pirazzolit' Sterstevens, "Chinese Ceramics Excavated in Bahrain and Oman"，三上次男博士喜壽記念論文集編集委員會編：《三上次男博士喜壽記念論文集：考古編》，東京：平凡社，1985 年版，第 315～335 頁。

〔註51〕 趙冰：《巴林國卡拉特巴林遺址出土的十六——十七世紀中國瓷片》，鄭培凱主編《逐波泛海：十六至十七世紀中國陶瓷外銷與物質文明擴散國際學術研討會論文集》，香港：香港城市大學中國文化中心，2012 年版，第 103～111 頁；Bing Zhao, "Chinese and Southeast Asian Ceramics Imported in Bahrain during the Islamic Period", in Pierre Lombard ed, Twenty Years of Bahrain Archaeology (1986-2006), 9-11 December 2007 (Manama: National Museum of Manama, forthcoming；趙冰：《波斯灣巴林國卡拉特巴林遺址出土的東亞和東南亞瓷器》，《中國古陶瓷研究》第 14 輯，北京：紫禁城出版社，2008 年版，第 599～614 頁。

〔註52〕 R. L. Hobson, "Chinese Porcelain from Fostat", *The Burlinton Magazine for Connoisseurs*, Vol.61, No.354, 1932, pp108-110/113.

〔註53〕 J. S. Kirkman, *The Arab City of Gedi: Excavations at the Great Mosque Architecture and Finds*, Oxford University Press, 1954; James Kirkman, *Gedi, the Palace*, Mouton&Co. Publishers, the Hague, the Netherlands, 1963；秦大樹、徐華峰：《肯尼亞發現的十六至十七世紀中國瓷器及相關問題討論》，鄭培凱主編《逐波泛海：十六至十七世紀中國陶瓷外銷與物質文明擴散國際學術研討會論文集》，香港：香港城市大學中國文化中心，2012 年版，第 63～75 頁。

〔註54〕 James Kirkman, *Fort Jusus: A Portuguese Fortress on the East African Coast*, Oxford: at the Clarendon Press, 1974.

〔註55〕 Kirkman, J.S. "The Great Pillars of Malindi and Mambrui", *Oriental Art*, Vol.4, 1958, pp3-15.

〔註56〕 Neville Chittick, *Kilwa: An Islamic Trading City on the East African Coast*, Nairobi, 1974.

塞俄比亞〔註 57〕以及馬達加斯加〔註 58〕也都有中國青花瓷的發現。喬維斯·馬修（Gervase Mathew）對非洲發現的中國陶瓷進行過總結〔註 59〕，卡洛琳·沙遜（Caroline Sassoon）對肯尼亞發現中國瓷器的款識進行過介紹〔註 60〕。

西亞地區見於兩處重要收藏，即土耳其的托普卡比宮〔註 61〕和伊朗的阿德比爾神寺廟〔註 62〕。阿德比爾神廟藏品在萬曆三十九年（1611 年）年後沒有增加，其藏品構成具有年代學意義。

（4）歐洲、拉美

弘治元年（1488），葡萄牙人抵達非洲南端好望角；弘治十一年（1498 年），達·伽馬從馬林迪穿越印度洋，首航印度西海岸古里（今科茲科德）；弘治十二年（1499 年），達·伽馬率葡萄牙艦隊返回里斯本，獻給葡萄牙國王一批從古里帶回來的瓷器，這些 16 世紀早期以前的瓷器多收藏在葡萄牙的桑托斯宮〔註 63〕。葡萄牙船隊將景德鎮青花瓷運抵歐洲後，立即成為歐洲君主和貴族珍藏的對象〔註 64〕，青花瓷器的形象還出現在畫作《諸神之宴》（正德九年／1514 年）中。作為東西方瓷器貿易的主導國，葡萄牙〔註 65〕、

〔註 57〕馬文寬：《中國古瓷在非洲的發現》，北京：紫禁城出版社，1987 年版，第 7～9 頁。

〔註 58〕Bing Zhao, "Versune expertise plus fine etuneapproche plus historique de lacéramiquechinoise de lanécropole deVohémar", *Études OcéanIndien*, 2011, pp.46-47.

〔註 59〕Gervase Mathew, "Chinese Porcelain in East Africa and on the Coast of South Arabia", *Oriental Art New Series*, Vol.2, No.2, 1956, pp50-55.

〔註 60〕Caroline Sassoon, *Chinese Porcelain Marks from Coastal Sites in Kenya: aspects of trade in the Indian Ocean, 14-19 centuries*, BAR International Series (Supplementary) 43, 1978.

〔註 61〕Regina Krahl, John Ayers, *Chinese Ceramics in the Topkapi Saray Museum Istanbul, A Complete Catalogue*, London: Sotheby's Pub., 1986. 三杉隆敏，*Chinese Porcelain Collections in the Near East, Topkapi and Ardebil*，香港：香港大學，1981 年版。

〔註 62〕Pope, John Alexander, *Chinese Porcelains from the Ardebil Shrine*, Washington: Freer Gallery of Art Smithsonian Institution, 1956；三杉隆敏，*Chinese Porcelain Collections in the Near East, Topkapi and Ardebil*，香港：香港大學，1981 年版。

〔註 63〕Daisy Lion-Goldschmidt, Les porcelaines chinoises du palais de Santos, *Arts Asiatiques*, Vol. 39 (1984), pp. 5-72.

〔註 64〕Boiani, G.C. (ed), *Ceramica e Araldica Medicea*, exhibition catalogue, Monte San Savino, 1992; Harrisson, B., *Asian Ceramics, Princessehof Museum*, Leeuwarden, 1986; Harrison-Hall, j., *Catalogue of late Yuan and Ming ceramics in the British Museum*, London, 2001.

〔註 65〕Paulo César Santos, "The Chinese Porcelain of Santa Clara-a-Velha, Coimbra: Fragments of a Collection", *Oriental Art*, Vol.49, No.3 (2003/2004), pp29-30,

西班牙〔註66〕及荷蘭〔註67〕本土出土大量 17 世紀青花瓷。由於西班牙對美洲貿易的拓展，在拉美地區也有發現，如北美〔註68〕的墨西哥〔註69〕、危地馬拉〔註70〕，南美的秘魯〔註71〕、阿根廷〔註72〕等。各遺址出土青花瓷數量不多，主要以 17 世紀的「克拉克瓷」爲主。

3、國內外沉船

自上世紀 50 年代起，尤其是 70 年代後，在東南亞海域、太平洋及大西洋等航路上陸續發現明代沉船，據筆者統計爲 83 處。沉船瓷器數量眾多，器類豐富，保存完整，同船器物時代集中，年代較爲明確，是明代青花瓷分期

---

figs.21-24a

〔註66〕 Etsuko Miyata Rodriguez, "Chinese Ceramics Excavated from Northwest Spain(1)", *The Oriental Ceramic Society of the Philippines Newsletter*, June 2008, pp.8-10; Junly 2008, p.6, figs.9 and 11.

〔註67〕 Jan Van Campen and Titus Eliëns (eds.). *Chinese and Japanese porcelain for the Dutch golden age*, [Amsterdam] Rijksmuseum Amsterdam [Den Haag] Gemeentemuseum Den Haag [Groningen] Groningen Museum Leeuwarden Keramiekmuseum Princessehof Zwolle Waanders Uitgevers, 2014.

〔註68〕 Linda S. Shulsky, "Chinese Porcelain in Spanish Colonial Sites in the Southern Part of North America and the Caribbean," *Transactions of the Oriental Ceramic Society*, Vol.63, 1998-1999, pp.83-98

〔註69〕 George Kuwayama, *Chinese Ceramics in Colonial Mexico*, Los Angeles County Museum of Art, University of Hawaii Press, 1997; Etsuko MiyataRodrÍguez,"The Early Manila Galleon Trade: Merchant's Networks and Markets in Sixteenth-and Seventeenth- Century Mexico" in Asia & Spanish America. Trans-Pacific & Cultural Exchange, 1500-1850, Papers from the 2006 Mayer Center Symposium at the Denver Art Museum, Denver, 2009, p.49, fig.3; SanJerónimo, Patrícia Fournier García, Evidencias Arqueológicas de la improtación de cerámic en México, *con base enlosmaterialesdelxCovento de San Jerónimo*, no.213, INAH, 1990, pp.38, 34-5, and 37, respectively; Susana Gómez Serafín and Enrique Fernández Davila, *Catálogo de losobjetoscerámicos de la ordendominicana del ex convent de Santo Domingo de Oaxaca*, Instituto Naçional de Antrpología e Historia, Mexico, 2007, pp.14-15 and 220-21; Luis A. Romero, "La cerámic de improtación de Santo Domingo", *Antigue Guatemala*, paper presented at the XX Simposio de InvestigacionesArqueológicas held in Guatemala, 2006, pp.1529-1545.

〔註70〕 GeorgeKuwayama and Anthony Pasinski, "Chinese Ceramic in the Audiencia of Guatemala," *Oriental Art*, Vol.48, No.4, 2002, pp.25-35.

〔註71〕 GeorgeKuwayama, "Chinese Ceramic in Peru", *Oriental Art*, Vol.46, No.1, 2000, pp.2-15.

〔註72〕 Teresa Canepa, "The Portuguese and Spanish Trade in Kraak Porcelain in the Late 16th and Early 17th Centuries"，鄭培凱主編《逐波泛海：十六至十七世紀中國陶瓷外銷與物質文明擴散國際學術研討會論文集》，香港：香港城市大學中國文化中心，2012 年版，第 259～285 頁。

研究的重要資料〔註 73〕。較爲重要的如 15 世紀中期的菲律賓潘達南沉船
（Pandanan Wreck）〔註 74〕、15 世紀晚期的菲律賓利納沉船（Lena Shoal Junk）
〔註 75〕、16 世紀早期的文萊沉船（Brunei Shipwreck）〔註 76〕、16 世紀中期的
馬來西亞宣德號沉船（Xuande Shipwreck）〔註 77〕、16 世紀晚期的廣東汕頭南
澳 I 號沉船〔註 78〕以及 17 世紀前期南大西洋聖赫勒拿島（St. Helena）海域的
白獅號（Witte Leeuw）〔註 79〕和毛里求斯的班達號（Banda）〔註 80〕、馬來西
亞的萬曆號（Wanli）〔註 81〕以及南中國海域的哈徹號（Hatcher Junk）〔註 82〕
等。此外還有疑爲萬曆二十三年（1595 年）或萬曆七年（1579 年）年的加州
德雷克灣沉船／遺址。大量沉船的發現及材料的公佈，爲明代青花瓷的編年

〔註 73〕 陳沖：《沉船所見景德鎮明代民窯青花瓷》，《考古與文物》2017 年第 2 期，第
101～114 頁。

〔註 74〕 Eusebio Z. Dizon. "Anatomy of a Shipwreck: Archaeology of the 15th-Century Pandanan Shipwreck", Christophe Loviny. *The Pearl Road: Tales of Treasure Ships in the Philippines*. Makati City, 1996, pp. 62-94; Kazuhiko Tanaka & Eusebio Z. Dizon, "Shipwreck Site and Earthenware Vessels in the Philippines: Earthenware Vessels of the Pandanan Shipwreck Site", Mark Staniforth. ed. *Asia-Pacific Regional Conference on Underwater Cultural Heritage Proceedings*, Manila, 2011.

〔註 75〕 Franck Goddio, Monique Crick, Peter Lan, Stacey Pierson, Rosemary Scott, *Lost at Sea: The Strange Route of the Lena Shoal Junk*, London: Periplus, 2002.

〔註 76〕 Michèle Pirazzoli-t'Serstevens, "The Brunei Shipwreck: A Witness to the International Trade in the China Sea around 1500", *The Silk Road*, Vol.9, 2011, pp.5-17.

〔註 77〕 Roxanna Brown & Sten Sjostrand, "Maritime Archaeology and Shipwreck Ceramics in Malaysia", *Kuala Lumpur: Department of Museums & Antiquities*, 2nd edition, 2004; Roxanna M. Brown, "Xuande-marked Trade Wares and the 'Ming Gap'", *Oriental Art*. Vol.43. No.2, 1997, pp.2-6.

〔註 78〕 廣東省文物考古研究所、國家水下文化遺產保護中心、廣東省博物館：《廣東汕頭市「南澳 I 號」明代沉船》，《考古》2011 年第 7 期，第 39～46 頁；廣東省文物考古研究所：《南澳 I 號明代沉船 2007 年調查與試掘》，《文物》2011 年第 5 期，第 25～47 頁；廣東省文物考古研究所、廣東省博物館：《孤帆遺珍：南澳 I 號出水精品文物圖錄》，北京：科學出版社，2014 年版。

〔註 79〕 C. L. van der pijl-Ketel, ed., *The Ceramic Load of the 'Witte Leeuw' (1613)*, Amsterdam: Rijksmuseum, 1982.

〔註 80〕 C. L. van der pijl-Ketel, "Identification of Export Porcelains from Early 17th Century VOC Shipwrecks and the Linkage to Their Cultural Identification", Asia-Pacific Regional Conference on Underwater Cultural Heritage Proceedings, 2011; J. Dumas, *Fortune de mer à l'lle maurice*, Paris, 1981.

〔註 81〕 Sten Sjostrand, Sharipah Lok Lok bt. Syed Idrus, *The Wanli Shipwreck and its Ceramci Cargo*, Department of Museums Malaysia , 2007.

〔註 82〕 Colin Sheaf & Richard Kilburn, *The Hatcher Porcelain Cargoes: The Complete Record*, Phaidon-Christies, Oxford, 1988.

研究提供了非常有價值的資料。

二、研究概況：以年代學為中心

1、材料單一與問題專指

上世紀初期，基於東南亞的調查與發掘，拜爾、福克斯、洛克辛等學者開始就明代青花瓷的年代進行探討。但由於多數發掘遺址為墓葬，缺乏可供參考的地層關係和紀年器物，且發掘者對中國瓷器的認識不夠全面，因此未能建立準確的分類體系，在對青花瓷的年代判定上，更是缺乏行之有效的方法和足夠的依據。這一時期對於青花瓷的年代認識，往往提前約一個世紀。

與此同時，哈里森就沙撈越早期的發現缺乏明代青花瓷這一現象，提出瓷器貿易史上的「明代間隔期」問題〔註 83〕。西方學者則基於文獻和傳世資料，就「空白期」（Ceramic Interregnum）〔註 84〕、「轉變期」（Transitional

---

〔註 83〕 Brown, Roxanna, The Ming Gap and Shipwreck Ceramcis in Southeast Asia, Phd Dissertation of UCLA,2004; Roxanna M. Brown, "Ming Ban-Ming Gap: Southeast Asian Shipwreck Evidence for Shortages of Chinese Trade Ceramics"，鄭培凱主編《十二至十五世紀中國外銷瓷與海外貿易國際研討會論文集》，香港：香港城市大學中國文化中心，2005 年，78～104 頁；Roxanna Maude Brown, *The Ming Gap and Shipwreck Ceramics in Southeast Asia：Towards a Chronology of Thai Trade Ware*, Bangkok: The Siam Society under Royal Patronage, 2009.

〔註 84〕 John Alexander Pope, *Chinese Porcelain from the Ardebil Shrine*. Washington: Smithsonian Institution Freer Gallery of Art, 1956; Regina Krahl, John Ayers, *Chinese Ceramics in the Topkapi Saray Museum Istanbul*, A Complete Catalogue, London：Sotheby's Pub., 1986；藤岡了一：《元明初の染付》，《陶器全集》11，東京：平凡社，1966 年版，第 17～18 頁；藤岡了一：《明の染付》，《陶磁大系》42，東京：平凡社，1975 年；歐陽世彬、黃雲鵬：《介紹兩座明景泰墓出土的青花、釉裏紅瓷器》，《文物》1981 年第 2 期，第 46～50 頁；王志敏：《民初景德鎮窯「空白點」瓷》，《中國陶瓷》1982 年第 3 期第 53～57 頁，82 年第 4 期第 57～63 頁，82 年第 5 期第 67～69 頁；劉毅：《明代景德鎮瓷業「空白期」研究》，《南方文物》1994 年第 3 期，第 55～61 頁；謝明良：《十五世紀的中國陶瓷及其有關問題》，《故宮學術季刊》1999 年 17 卷 2 期，後收入《中國陶瓷史論集》，臺北：允晨文化，2007 年版，第 215～237 頁；歐陽世彬：《十五世紀景德鎮民窯研究》，《陶瓷學報》2000 年第 2 期，第 72～85 頁；Peter Y.K. Lam, "Dating Criteria for Chinese Blue and Whites of the Mid to Late 15th Century from Shipwrecks", *TAOCI: Revue Annuelle de la Societe Francaise d'Etude de la Cermicque Orientale*, No.2, 2001, pp.35-46; Rita C. Tan, "Development of Ming Minyao Blue and White Ware with Reference to Philippines Finds", Larry Gotuaco et al, *Chinese and Vietnamese Blue and White*

Period）〔註85〕和「克拉克瓷」（Kraak Porcelain）〔註86〕問題展開討論，但這

Wares Found in the Philippines, Manila, 1997, pp.79-108；莊良友（Rita C. Tan）：《菲律賓出土的十四至十五世紀中國青花瓷》，江西省博物館、香港中文大學文物館《江西元明青花瓷》，2002 年版，第 50～58 頁。

〔註85〕 Soame Jenynes, "The Wares of the Transitional Period Between the Ming and the Ch'ing:1620-1683", *Archives of the Chinese Art Society of America*, Vol.9,1955, pp.20-42.

Richard S. Kilburn, *Transitional Wares and their Forerunners, Exhibition Catalogue*, Hong Kong: Oriental Ceramic Society of Hong Kong, 1981; Margaret Medley, "The Ming - Qing Transition in chinese Porcelain", *Arts Asiatiques*, Vol.42, 1987. pp.65-76; Richard Kilburn, "The Hatcher Junk", *The Hatcher Porcelain Cargoes: The Complete Record*, Phaidon-Christies, Oxford, 1988, pp.25-80；藤岡了一：《世界陶磁全集》14，東京：小學館，1993 年版；西田宏子、出川哲朗：《明末清初の民窯》，東京：平凡社，1997 年版。

Stephen Little, *Chinese Ceramics of the Transitional Period, 1620-1683, Exhibition Catalogue*, New York: China Institute in America, 1983; Julia B. Curtis, *Chinese Porcelains of the Seventeenth Century: Landscapes, Scholars' Motifs and Narratives, Exhibition Catalogue*, Seattle & London: The University of Washington Press, 1995; Michael Butler & Barbara Harrisson, *Chinese Porcelain: the Transitional Period 1620-1683: A Selection from the Michael Butler Collection, Exhibition Catalogue*, Leeuwarden: The Ptincessehof Museum, 1986; Michael Butler & Julia B. Curtis & Stephen Little, *Treasures from an Unknown Reign: Shunzhi Porcelain, Exhibition Catalogue*, Alexanderia, Virginia: Art Services International, 2002；上海博物館：《上海博物館與英國巴特勒家族所藏十七世紀景德鎮瓷器》，上海：上海書華出版社，2005 年版；陳克倫《17 世紀景德鎮瓷器編年研究》，《上海博物館集刊》第 11 期，2008 年版，第 283～297 頁；Michael Butler, "The Chronology of 17th Century Chinese Porcelain", *Transactions of the Oriental Ceramic Society*, Vol.71. 2006-2007, The Oriental Ceramic Society, 2008, pp.79-87.

〔註86〕 H. E. van Gelder, *Gravenhage in zeven eeuwen*, Amsterdam: Meulenhoff, 1937; T. Volker, *Porcelain and the Dutch East India Company*, Leiden: E. J. Brill, 1954; John Alexander Pope, *Chinese Porcelain from the Ardebil Shrine*, Smithsonian Institution Free Gallery of Art, Washington, 1956.

Brian S. McElney, "The Blue and White Wares - Post 15th Century", *Southeast Asian and Chinese Trade Pottery, Exhibition Catalogue,* Hong Kong: The Oriental Ceramic Society of Hong Kong, 1979.

Pijl-Ketel. C. van der, *The Ceramic Load of the Witte Leeuw*, Rijksmuseum, Amsterdam; Colin Sheaf and Richard Kilburn, *the Hatcher Porcelain Cargoes: the Complete Record*, Oxford: Phaidon, Christie's, 1988; Maura Rinaldi, *Kraak Porcelain: A Moment in the History of Trade*, London: Bamboo Pub, 1989; Kilburn. R. S. *Transitional Wares and Their Forerunners, exhition catalogue*, O.C.S. of Hong Kong, Hong Kong; Casswell. J., *Blue and White-Chinese Porcelain and its Impact on the Western World, exhibition catalogue*, the University of Chicago, the David and Alfred Smart Gallery, Chicago, Illinois; Regina Krahl, John Ayers, *Chinese Ceramics in the Topkapi Saray Museum Instanbul*, Sotheby, 1986; Lion-Goldschmidt D., "Les Porcelaines Chinoises du

類研究往往依據風格分析法，無法建立全面而準確的編年框架。這類「專指性」問題也一直爲後來的學界所關注，這在一定程度上豐富了明代青花瓷的研究資料和年代學框架。

2、材料豐富與方法缺失

相較於國外的發現，國內所見民窯青花瓷大量來自窯址、紀年墓、城址和窖藏等，便於對瓷器進行分類和年代判定。很多學者就青花瓷的年代展開討論，取得一些成果。但是，至今尚缺乏從考古學角度進行綜合的年代學分析。

1960 年代，南京明故宮玉帶河在疏濬渠道時出土大量瓷片，所屬時代貫穿整個明代。王志敏通過對這批瓷片的整理研究，試圖釐清明代民窯青花瓷器的發展序列，尤其是對明代早中期的判斷比較有代表性，對後來學者的影響較大〔註87〕。80 年代中期，景德鎮的陶瓷學者開始對年代問題進行比較深入的探討，景德鎮陶瓷館的黃雲鵬、歐陽世彬等根據窯址採集標本，參照當地紀年墓葬出土材料，提出斷代意見〔註 88〕，在相當長一段時間內成爲明代

Palais de Santos", *Arts Asiatiques*, Vol.39, Paris, 1984. pp.5-72; Luisa Vinhais & Jorge Welsh, *Kraak Porcelain：the rise of global trade in the late 16th and early 17th centuries*, London: Jorge Welsh Books, 2008；藤岡了一：《明の染付》，《陶磁大系》42，東京：平凡社，1975 年：矢部良明：《中國陶瓷の八千年》，東京：平凡社，1992 年版；西田宏子、出川哲朗：《明末清初の民窯》，東京：平凡社，1997 年版；馮先銘、馮小琦：《荷蘭東印度公司與中國明清瓷器》，《南方文物》1990 年第 2 期，第 101～117 頁；馬文寬：《從一件青花開光瓷碗談起》，中國古陶瓷學會《中國古陶瓷研究》第 10 輯，北京：紫禁城出版社，2004 年版，第 133～140 頁；曹建文：《近年來景德鎮窯址發現的克拉克瓷器》，中國古陶瓷學會《中國古陶瓷研究》第 10 輯，北京：紫禁城出版社，2004 年版，第 141～149 頁：江建新：《景德鎮考古發現的克拉克瓷》，陶瓷下西洋研究小組、香港城市大學中國文化中心《陶瓷下西洋：早期中葡貿易中的外銷瓷》，香港：香港城市的大學中國文化中心，2010 年版，第 35～44 頁；江建新：《晚明社會與景德鎮及克拉克瓷的燒造：談克拉克瓷的燒造年代及相關問題》，香港：香港城市大學中國文化中心《逐波泛海：十六至十七世紀中國陶瓷外銷與物質文明擴散國際學術研討會論文集》，2012 年版，第 313～328 頁，後收入江建新《景德鎮陶瓷考古研究》，北京：科學出版社，2013 年版，第 249～268 頁。

〔註87〕 王志敏：《明初景德鎮窯「空白點」瓷》，《中國陶瓷》1982 年第 3 期第 53～57 頁：82 年第 4 期第 57～63 頁；82 年第 5 期第 67～69 頁。南京博物院、香港中文大學文物館：《朱明遺萃》，1996 年版。

〔註88〕 黃雲鵬：《明代民間青花瓷的斷代》，《景德鎮陶瓷》1986 年第 3 期，第 28～45 頁；歐陽世彬：《十五世紀景德鎮民窯研究》，《陶瓷學報》2000 年第 2 期，第 72～85 頁。

青花瓷器斷代的重要參考。但這一認識主要是基於窯址採集品，缺乏地層依據，且沒有充分考古發掘材料的印證，斷代方法和結論還需要進一步討論和修正。同期，耿寶昌先生的《明清瓷器鑒定》一書出版〔註89〕，從傳世官窯瓷器角度為民窯斷代提供了一定的線索。

　　1990 年代中期，吉林扶餘明墓出土大量青花及紅綠彩瓷器〔註90〕，關於出土瓷器的年代，學界產生廣泛地爭論，《文物》就此刊發系列文章。張英認為一些帶有「福」、「至正」或八思巴文底款的青花、紅綠彩瓷器，是元代瓷器的重大發現〔註91〕。其他不同認識隨之而來〔註92〕，分別從瓷器的造型、款識、裝飾及八思巴文等入手，判定這些瓷器當為明代中期，或者明代中晚期的弘治、正德時期，亦或是嘉靖時期的產品。從這一爭論可以看出，明代民窯青花瓷的斷代在當時是不成熟的，缺乏行之有效的方法，也未形成較為一致的意見。

　　由於考古工作歷來不重視明清時期的發現，很多出土瓷器資料未被及時而全面地發表，隨後的一些文章則多是參照各地出土瓷片進行年代判定。而一些收藏者所藏瓷片則已成系列，並根據紀年器為線索，對每一片瓷片進行斷代〔註93〕。然而，這類斷代研究，由於過分依賴紀年器，依然無法形成科學的年代標準體系。

〔註89〕 耿寶昌：《明清瓷器鑒定》，北京：紫禁城出版社，1993 年版。

〔註90〕 張英：《吉林扶餘岱吉屯元墓出土瓷器》，《文物》1994 年第 9 期，第 41～53、2 頁；張英：《扶餘市石橋歡迎磚場元墓清理簡報》，《文物》1995 年第 4 期，第 32～46、2 頁；張英：《吉林扶餘岱吉屯元墓第二次清理簡報》，《文物》1996 年第 11 期，第 69～79 頁。

〔註91〕 張英：《從「至正年製」彩瓷碗的發現談「大明年造（製）」款瓷器的年代》，《文物》1994 年第 2 期，第 62～71 頁；張英：《對〈也談八思巴文款青花瓷器的年代一文的商榷〉》，《文物》1998 年第 10 期，第 62～66 頁。

〔註92〕 曹淦源：《「至正年製」款彩瓷碗與嘉靖紅綠彩瓷》，《文物》1994 年第 8 期，第 71～80 頁；歐陽世彬：《從景德鎮官窯的書款制度看岱吉屯「至正年製」款彩瓷碗的年代及其他》，《文物》1997 年第 5 期，第 62～70 頁；葛師科：《也談八思巴文款青花瓷器的年代》，《文物》1997 年第 6 期，第 43～47、38 頁；呂成龍：《關於八思巴字款青花瓷器年代之我見》，《文物》2001 年第 8 期，第 77～83 頁；張小蘭：《吉林扶餘岱吉屯和石橋歡迎磚場出土「福」字款等瓷器及相關問題研究》，《北方文物》2002 年第 2 期，第 40～46 頁。

〔註93〕 曲永健：《殘片映照的歷史：北京出土景德鎮瓷器探析》，北京：中國建材工業出版社，2002 年版；曲永健：《北京出土瓷片斷代與鑒真》，北京：文物出版社，2011 年版。

本世紀，隨著沉船的不斷發現和資料的發表，由於同船瓷器的共時性，沉船瓷器爲青花瓷的編年研究提供了重要資料。相關學者開始以沉船爲單位、以沉船瓷器爲基礎或參照器物群〔註94〕，展開青花瓷的年代學研究〔註95〕。但在對沉船瓷器進行年代判定時，依然存在過分依靠紀年器和風格分析法而無法形成科學的年代學認識問題。此外，由於很多沉船並非科學發掘，發表資料不夠全面也頗爲零散，因此尚難以據此建立起完備的編年體系。

3、「小野編年」

與我國的發現情況相類，日本出土青花瓷的遺址類型也較爲豐富，包括城址、寺院、墓葬和窖藏等，爲青花瓷的年代判定提供了較爲充分的材料。此外，日本學者在對瓷器進行編年研究時，更爲注重對方法的審視。

小野正敏〔註96〕以一乘谷遺址出土景德鎮民窯青花瓷爲主要資料，依據器型和紋飾對青花碗、盤類器物進行分群、分組研究，建立起15～16世紀青花瓷的分類與編年體系。這一研究成果爲日本考古學界廣泛認可和沿用，並成爲日本學界研究出土青花瓷的基本分類與編年方法。隨後，鈴木秀典〔註97〕、森樹健一〔註98〕和上田秀夫〔註99〕等學者，依據大阪城、堺環濠等遺址出土資料，將其編年下限延伸至17世紀。小野正敏的研究抓住了碗、盤類民窯青花瓷的主要特徵，並從器物組合入手，綜合分析民窯青花瓷的時代特徵，這一分析思路和編年方法非常值得借鑒。但由於缺乏足夠的資料，「小野編年」尚有待進一步細化和修正〔註100〕。

〔註94〕 郭學雷：《「南澳Ⅰ號」沉船的年代、航路及性質》，《考古與文物》2016年第6期，第118～132頁；吉篤學：《上川島花碗坪遺存年代等問題新探》，《文物》2017年第8期，第59～88頁。

〔註95〕 Peter Y.K. Lam, "Dating Criteria for Chinese Blue and Whites of the Mid to Late 15th Century from Shipwrecks", *TAOCI: Revue Annuelle de la Societe Francaise d'Etude de la Cermicque Orientale*, no.2, 2001, pp.35-46.

〔註96〕 小野正敏：《15～16世紀の染付碗、皿の分類と年代》，《貿易陶磁研究》2，1982年，第71～88頁。

〔註97〕 鈴木秀典：《大阪城遺跡における輸入陶磁器の變化》，《大阪城跡》3，大阪市文化財協會，1988年。

〔註98〕 森樹健一：《堺環濠都市遺址出土の陶磁器の組成と機能分擔》，《貿易陶磁研究》4，1984年，第41～49頁；森樹健一：《堺環濠都市遺跡出土の近世陶磁器》，《考古學ジャナル》297，1988年，第37～44頁。

〔註99〕 上田秀夫：《16世紀末から17世紀前半における中國製染付碗、皿の分類と編年への予察》，《関西近世考古學研究》1，1991年，第56～74頁。

〔註100〕 森達也《十五世紀後半——十七世紀の中國貿易陶瓷——沉船と窯址發見の

三、結語

在景德鎮明代民窯青花瓷資料日益豐富的情況下，有必要依據青花瓷的自身特點，運用考古學方法對其進行綜合的年代學分析，以推進相關研究的深入。在考古學研究中，通常運用類型學和地層學來確定器物的製作或流行時間。通過類型學建立器物自身的演變序列，依靠地層學確定器物組合並判斷所建序列的早晚關係──即相對年代，最後運用紀年材料來考證這一序列中各組合的絕對年代。此外，有時也會輔以科技檢測手段判定其絕對年代。

對民窯青花瓷進行考古學斷代，關鍵在於依靠遺址地層或遺跡單位確定器物組合，來判定器物的共存或相對早晚關係，這也是考古學不同於單純依靠紀年器或風格分析法進行分期研究的關鍵所在。而在對器物進行類型學分析時，通常是以器形為主要依據。然而，作為歷史時期手工業產品的明代民窯青花瓷，其紋飾的類型與演變遠較器形複雜。同一時期的青花瓷，其紋飾類型多樣、組合複雜；不同時期的瓷器，其紋飾的變化多是突變或替代，而非直接的繼承或漸序的演化。如果套用一般的類型分析，更多的是進行層次複雜的分類工作，而較少能夠分析所謂「式」的演變，這會使論述過程極為繁瑣，論述結果不夠清晰和直觀，編年框架也會流於寬泛。

綜上，在對民窯青花瓷進行考古學年代研究時，當重點選取具有共存和早晚關係的材料，確定器物組合，綜合分析各組器物的器型、紋飾、款識、技法和胎釉等特徵，再結合紀年墓、紀年器、繪畫、版畫和靜物畫等材料判定各組年代，從而建立景德鎮民窯青花瓷的編年體系。

（作者單位：北京大學考古文博學院、北京大學中國考古學研究中心）

新資料を中心に-》，《關西近世考古學研究》17，2009 年，第 153～166 頁。

明代造物中的「崇古」與「追新」意識

彭聖芳

摘要：文人趣味主導下的明代造物儘管具有較爲鮮明的審美傾向，但也存在許多矛盾、差異和變化。透過集古好古、古物新用、追捧時玩和仿古仿倭等現象，我們可以看到「崇古」和「追新」這一對意識在明代造物領域是如何共生共存並互動發展的。「崇古」和「追新」意識的相悖共存也直接反映了作爲歷史轉折期的明代社會物質文化和價值觀念的特點。

關鍵詞：明代造物；崇古；追新；古物新用；時玩；仿古仿倭

明代是中國傳統手工業經過長期的技藝積累後進入的高度發達期，也是造物設計活動空前繁榮的時期。更重要的是，由於有文人階層的參與和影響，明代造物在審美上體現出的鮮明特點也幾乎可以將其自身類型化。儘管諸多證據表明明代造物審美具有較爲明顯的一致傾向，然而應該看到的是，在文人氣息籠罩的明代造物中也存在著許多矛盾、差異和變化。這些矛盾、差異和變化不僅體現在各種文獻裏著述者各執己見的品評或是某文人雅士前後相左的造物觀念中，還直觀地體現在許多流露著異質審美價值傾向的物品上。正如在《妮古錄》、《長物志》、《考槃餘事》、《燕閒清賞箋》等著作中作者往往好古求雅，終日摩挲古物，精於鑒藏賞玩，並在書齋擺設、園林布置中將古典作爲標準予以實踐。但在相同的篇章裏我們也看到，他們又在關注時下衣食住行用的各種新式，並比較、取捨、巧妙經營改造。可以說，明代造物

領域中「崇古」和「追新」這一對意識的相悖共存，帶有作爲轉折期的明代中晚期的時代特點，有著深刻的社會的、歷史的和文化的成因。通過下述明代造物領域的幾種現象，或可析出其中原因。

一、集古好古，以古爲尚

「崇古」是中國文化史上的重要現象，以古代社會爲理想社會藍本，以先王先聖爲人格情操楷模乃至以古代文物爲承載傳統的對象都是由此而生的文化情結。尤其是宋代以後，在古代知識階層中普遍存在的是，一方面集古好古、借古物證經補史研究古代；另一方面，通過古物引發歷史聯想，並藉以追尋文化記憶，寄託文化理想。《宋史》記劉敞「得先秦彝器數十，銘識奇奧，皆案而讀之，因以考知三代制度」（《宋史・劉敞傳》卷 319）；南宋趙希鵠撰《洞天清錄集》專述文物收藏和品賞，以「奇古」、「古意」等範疇讚賞器物的審美特徵，深深影響了其後《妮古錄》《長物志》《考槃餘事》《燕閒清賞箋》等著作的成書。可以看到，以「古」爲最基本的文化訴求下，明代造物中發展了一系列以「古」爲特徵的形式標準：

其一，古制。在傳統儒家學者看來，三代社會的「萬民之法」和「聖王之治」是理想的道德治世，因而，不僅三代的禮法制度成爲後代文人考辨的對象，而且三代的銅器和玉器的形制也被後世奉爲典範。器物是文化的表徵，以三代器物制度爲源頭，漢唐、兩宋經典文化遺物的樣式、使用習慣、陳設方式也受到推崇和追捧，在明代隨即形成一股崇尙古制的風氣。明人謝肇淛評論日用器物「茶注」：

> 茶注……嶺南錫至佳，而製多不典。吳中造者，紫檀爲柄，圓
> 玉爲紐，置几案間，足稱大雅。〔註1〕

「典」在這裡是具有代表性和典範意義的古代經典形制。他認爲，質地雖佳，然形制「不典」的器物是不符合審美標準、不雅的。又如高濂論：

> 雖然制出一時工巧，但殊無古人遺意。以巧惑今則可，以制勝
> 古則未也。〔註2〕

這裡是說，結構巧妙的樣式雖然能以突出的工藝技術吸引人，但其形制喪失

〔註1〕 〔明〕謝肇淛：《五雜俎》卷十二，上海：上海書店出版社，2001 年版，第246 頁。

〔註2〕 〔明〕高濂編撰，王大淳校點：《遵生八箋》之五《燕閒清賞箋》，成都：巴蜀書社，1992 年版，第533 頁。

古意。還是受到了否定。高濂曰：

> 窰器有哥窰五山三山者，制古色潤；有白定臥花哇，瑩白精巧。
> 〔註3〕

五山、三山樣式的筆格是古代的經典式樣，承襲了傳統的樣式，在他看來是最符合審美標準的。

其二，古色。經過歲月的淘洗，各種不同材質的器物往往會呈現出一些特殊的色澤，如古銅器表面的鏽色、古玉器的沁斑等。這種特殊的色澤本是鑒定器物的依據，然而古舊的色澤不免使人產生時間的追思和歷史的聯想。因而，明代造物中也有不少將古色作為器物鑒賞的一種審美標準。以古銅器為例，自宋代趙希鵠在《洞天清祿集》中描述古銅器的外觀色澤之後，元代陶宗儀的《輟耕錄》、明初曹昭的《格古要論》、中晚明的王三聘和方以智等，都對「入土」、「入水」或「流傳人間」的銅器所具的不同的「古銅色」有相似的總結。對此，高濂的意見是：

> 高子曰：曹明仲格古要論云：銅器如土千年者，色純青如翠，
> 入水千年者，則色綠如瓜皮，皆瑩潤如玉，未及千年，雖有青綠而
> 不瑩潤，此舉大概，未盡然也。若三代之物⋯⋯。〔註4〕

此外，他還按色澤建立了一套評價銅器品級的標準：

> 古銅以褐色為上，水銀黑漆鼎彝為次，青綠者又次之也，若得
> 青綠一色不雜，瑩若水磨，光彩射目者，又在褐色之上。〔註5〕

而張應文在《清秘藏》中提出的標準卻稍有差異，他認為：

> 古銅色有以褐色為最上品者，余以為鉛色最下，石朱砂斑次之，
> 褐色勝於石朱砂而不如綠，綠不如青，青不如水銀，水銀不如黑
> 漆⋯⋯。〔註6〕

儘管各人意見稍有差別，然稍作歸納不難發現，古銅器的暗褐色都是最受讚美的顏色。此外，臺灣學者楊美莉認為，不僅銅器如此，倍受文人珍視的玉器的沁斑、澄泥硯的鱔魚黃色，都屬於暗褐色系統。〔註7〕可以認為，這種暗

〔註3〕　〔明〕高濂編撰，王大淳校點：《遵生八箋》之五《燕閒清賞箋》，第604頁。
〔註4〕　〔明〕高濂編撰，王大淳校點：《遵生八箋》之五《燕閒清賞箋》，第515頁。
〔註5〕　〔明〕高濂編撰，王大淳校點：《遵生八箋》之五《燕閒清賞箋》，第517頁。
〔註6〕　〔明〕張應文：《清秘藏》，《景印文淵閣四庫全書》第872冊，臺北：臺灣商務印書館，1983年版，第872頁。
〔註7〕　楊美莉：《晚明清初仿古器的作色——以銅器、玉器為主的研究》，《故宮學術

褐色系即是最被推崇的古色，由此而建立的基於色澤差異的標準也作爲一套
評價器物高下的標準運作起來。

二、古物新用

「崇古」意識影響下的集古好古風氣固然是明代造物領域的重要現象，
然而不同於前代的是，明代對古物的收藏和品鑒別出心法。古代器物往往不
是被束之高閣，而是被合理地安排、巧妙地取用於周圍的環境中。通過安排
和取用現成物品、發掘其用途來使其服務於環境和人，實質上是對物品的一
種「再設計」，對開發物品的價值極有意義。尤其是在明代通常被視爲文化遺
物或純藝術品的物品，也往往取其日常使用和裝飾價值，借其歷史文化意蘊
和審美價值來共同創造一種當下的日常生活的裝飾風格。古代器物越來越多
地被取用於日常生活之中，古物被移作生活用品〔註8〕，這種現象在明代極常
見：

> 如高濂不但將上古之「鼎」用於焚香，而且認爲，
>
> 彝盤……今可用作香橡盤。
>
> 觚、尊、卮，皆酒器也，三器俱可插花。
>
> 瓠壺，……今以此瓶注水，灌漑花草，雅稱書室育蒲養蘭之
> 具。周有蟠虺瓿、魚瓿、罌瓶，與上蟠螭、螭首二瓶，俱可爲多
> 花之用。
>
> 每有蝦蟆蹲螭，其制甚精，古人何用？今以鎮紙。又有大銅伏
> 虎，長可七八寸，重有三二斤者，亦漢物也。此皆殉葬之器，今以
> 壓書。
>
> 他如羊頭鉤，螳螂捕蟬鉤，鎔金者，皆秦漢物也，無可用處，
> 書室中以之懸壁，掛畫，掛劍，掛塵拂等用，甚雅。〔註9〕

古代器物不再是被束之高閣的「藏品」，而是被取用於日常生活之中，通過

季刊》第二十二卷第三期（臺北：國立故宮博物院，2005 年版），第 17～53
頁。

〔註8〕 關於明代奢侈品被挪作日用品的現象，英國學者 Craig Clunas 在著作
《Superfluous Things: Material Culture and Social Status in Early Modern China》
（中譯本參《長物志：早期現代中國的物質文化與社會身份》，生活·讀書·
新知三聯書店，2015 年版）的第五章專有討論。

〔註9〕 〔明〕高濂編撰，王大淳校點：《遵生八箋》之五《燕閒清賞箋》，第 524～526
頁。

「再設計」成為營造文雅生活的道具。高濂還記載了一次有趣的「再設計」
經歷：

> 余得一硯爐，長可一尺二寸，闊七寸，左稍低，鑄方孔透火炙
> 硯；中一寸許稍下，用以暖墨擱筆；右方置一茶壺，可茶可酒，以
> 供長夜客談。其銘曰：「蘊離火於坤德兮，回陽春於堅冰。釋淘泓於
> 凍凌兮，沐清泚於管城。」是以三冬之業，不可一日無此於燈檠間
> 也。〔註10〕

在這裡，古代器物被重新改裝成為實用的生活用品，重新融入當下的日常生
活。這種古物新用的做法，使古物不再只是作為歷史文化的標本以激發慕古
之情，而是要將人帶入新的生活情境。與此同時，許多不再具有使用價值的
古代器物卻被否定。如「元制榻」和「筆床」：

> 更見元製榻有長一丈五尺闊二尺餘，上無屏者，蓋古人連床夜
> 臥以足抵足，其制亦古，然今卻不適用。〔註11〕

> 筆床之製，世不多見，有古鎏金者長六七寸，高寸二分，闊
> 二寸餘，上可臥筆四矢，然形如一架，最不美觀，即舊式可廢也。

〔註12〕

這表明，物品的歷史文化內涵退入相對次要的位置，而其審美和實用價值上
升到相對重要位置。正如明末清初鑒賞家李漁說：

> 置物但取其適用，何必幽渺其說，必至理窮義盡而後止哉！

〔註13〕

在許多文人士大夫看來，將本不是作為實用物出現的物品置入特定的生活情
境，進行「再設計」能夠發掘其構建特定生活風格的作用，而這種服務於當
下生活風格的實用性正是物品的價值所在。「古物新用」的現象反映了文化遺
物從收藏品到日用品的角色轉變，更折射出人們觀念的趨新。正因為此，物
品不再因其「古」而被無條件地推崇，而只有能夠為當下生活創造特定情境
的古代器物才是符合審美標準的。

〔註10〕 〔明〕高濂編撰，王大淳校點：《遵生八箋》之五《燕閒清賞箋》，第526頁。
〔註11〕 《長物志・几榻》。〔明〕文震亨原著，陳植校注：《長物志》卷六《几榻》，
南京：江蘇科學技術出版社，1984年版，第226頁。
〔註12〕 《長物志・器具》。〔明〕文震亨原著，陳植校注：《長物志》卷七，第257頁。
〔註13〕 〔明末清初〕李漁：《李漁全集》第三卷，《閒情偶寄〈器玩部〉》，杭州：浙
江古籍出版社，1991年版，第221頁。

　　以陳設和實用的標準對古代器物進行重新選擇，表明了明代造物領域某些核心審美和價值觀的轉變，即以評價設計藝術的形式標準替換了以往固守的器物年代、品相和政教意義等標準。正如李漁說：「夫今人之重古物，非重其物，重其年久不壞，見古人所用者，如對古人之足樂也。」〔註14〕即是，明人所看重的器物，是那些外觀形式符合特定的氛圍並能營造出使用者期待的古雅清幽生活情境的器物。這種轉變與明代中晚期社會的變化直接相關。明代中期以後，「心學」對程朱理學的衝擊及資本主義生產方式在某些地區的萌芽，促使整個社會普遍滋長了一種個體意識和肯定日常的現世生活的精神。泰州學派開創者王艮以「百姓日用條理處即聖人之條理處」的日常儒學或曰平民儒學觀，道出了商品經濟社會和消費時代到來後士人「日用即道」的價值觀。其後，李贄更把日常生活從修道的工具地位提高到必須加以重視的本體地位，將穿衣吃飯視為人倫物理，這是對傳統儒學的超越，也是對王艮「百姓日用即道」思想的發展。「穿衣吃飯，即是人倫物理，除卻穿衣吃飯，無倫物矣，世間種種皆衣與飯類耳。」〔註15〕與日常的衣食住行用玩相關的物質生活產品逐漸被關注和重視，表面上是對「物」的價值的肯定，背後卻還是對使用物品的「人」及其價值的肯定。的確，若我們從設計的角度來看，一件物品是必須通過接受者的「倫常日用」才能確立其形態和本質的。正是這樣，在被使用的過程中，古代器物的本質才由收藏品變為服務於生活的、實用的工藝品，而體現出不同於以往的新價值。

三、追捧時玩

　　除了古物新用，更重要的是明代許多時尚設計物——「時玩」也開始被接受。所謂「時玩」是指近世或當代的物品。明代萬曆年間，近當代書畫、永樂漆器、宣德銅爐、永樂宣德成化瓷器、紫砂器、紫檀紅木器乃至折疊扇、蟋蟀盆等對象，為世人竟相收藏。（如圖 1、圖 2）沈德符《萬曆野獲編》說瓷器：

> 本朝窯器用白地青花間裝五色，為古今之冠，如宣德品最貴，
> 近日又重成窯，出宣窯之上。〔註16〕

〔註14〕〔明末清初〕李漁：《李漁全集》第三卷，《閒情偶寄〈器玩部〉》，第215頁。

〔註15〕〔明〕李贄著，張建業主編《焚書》，《李贄文集（第1卷）》，北京：社會科學文獻出版社，1996年版，第4頁。

〔註16〕〔明〕沈德符：《萬曆野獲編》，北京：中華書局，1959年版，第653頁。

圖 1　宣德款三足雙耳香爐

圖 2　宣德款青花纏枝牡丹紋蟋蟀罐

本朝瓷器被譽爲「古今之冠」，說明年代不再是決定價值高低的絕對因素，近世或當代物品越來越受到追捧。王世貞記道：

> 書畫重宋，而三十年來忽重元人，乃至倪元鎮以逮明沈周，價驟增十倍。窯器當重哥汝，十五年來忽重宣德，以至永樂、成化價亦增十倍。〔註17〕

以至於「本朝宣、成、嘉三窯，直欲上駕前代。」〔註18〕袁宏道記道：

> 鑄銅如王吉、姜娘子，琢琴如雷文、張越，窯器如哥窯、董窯，漆器如張成、楊茂、彭君寶，經歷幾世，士大夫寶玩欣賞，與詩畫並重。〔註19〕

所述都是當代器物設計製作的名匠，其作品已被文人視爲與詩畫具有相當的地位。同時，近世和當代物品的市場價值不斷走高：

> 瓦瓶如龔春、時大彬，價至二三千錢。龔春尤稱難得，黃質而膩，光華若玉。銅爐稱胡四，蘇松人，有效鑄者皆能及。扇面稱何得之。錫器稱趙良璧，一瓶可直千錢，敲之作金石聲。〔註20〕

> 宜興罐，以龔春爲上，時大彬次之，陳用卿又次之。錫注，以王元吉爲上，歸懋德次之。夫砂罐，砂也；錫注，錫也。器方脫手，而一罐一注價五六金，則是砂與錫與價，其輕重正相等焉，豈非怪事！一砂罐、一錫注，直躋之商彝、周鼎之列而毫無慚色，則是其品地也。〔註21〕

「時玩」的市場價值直追「古物」，說明「古物」與「時玩」先天的高下之分已被打破，設計本身的高下——「品地」成爲市場價值的依據。因此有袁宏道論花瓶：

> 大抵齋瓶宜矮而小，銅器如花觚、銅觶、尊罍、方漢壺、素溫壺、匾壺，窯器如紙槌、鵝頸、茄袋、花樽、花囊、著草、蒲槌，

〔註17〕〔明〕王世貞：《觚不觚錄》，《景印文淵閣四庫全書》第 1041 冊，臺北：臺灣商務印書館，1983 年版，第 440 頁。

〔註18〕〔明〕董其昌：《骨董十三說》，見鄧實輯，黃賓虹撰編：《中國古代美術叢書》第二集第八輯（北京：國際文化出版公司，1993 年版），第 263 頁。

〔註19〕〔明〕袁宏道著，錢伯城箋校：《袁宏道集箋校》卷二十，上海：上海古籍出版社，1981 年版，第 730 頁。

〔註20〕同上。

〔註21〕〔明〕張岱：《陶庵夢憶·西湖夢尋》卷二，上海：上海古籍出版社，1982 年版，第 17 頁。

　　　皆須形制短小者，方入清供。不然，與家堂香火何異，雖舊亦俗也。
　　〔註22〕
還有，文震亨論筆筒：
　　　　有鼓樣，中有孔插筆及墨者，雖舊物亦不雅觀。〔註23〕
明代人不再迷信古即是雅的觀念，而是認為，若不把握器物及其陳設規律，
即使是古舊的器物也可能營造出俗氣的情境。李漁更是明確地表達了對當代
坐具設計「以今勝古」的讚賞：
　　　　器之坐者有三：曰椅、曰机、曰凳。三者之制，以時論之，今
　　　勝於古，以地論之，北不如南；維揚之木器，姑蘇之竹器，可謂甲
　　　於古今，冠乎天下矣，予何能贊一詞哉！〔註24〕
這些觀點鮮明的陳述表明，在明代「古」與「時」的絕對界限開始淡化，人
們更關注器物設計本身的優劣。在發達的手工業條件下，越來越多人開始成
為設計出色的「時玩」的擁躉者。同時，發達的手工業也為日用器物、服飾、
園林建築等領域提供了前所未有的生產能力，帶動手工產品數量、品類迅速
增長，新穎的「時玩」更層出不窮。如在製瓷業方面，明代就創造了更豐富
的表面裝飾，由一種色釉發展到多種色釉，由釉下彩繪發展到釉上彩繪，出
現紅綠彩、五彩、素三彩、色地加彩、青花鬥彩等。製陶業中，紫砂陶器異
軍突起，《陽羨名壺系》謂：「近百年中，壺黜銀錫及閩豫瓷，而尚宜興陶，
又近人遠過前人處也。」萬曆以後紫砂工業形成獨立的生產體系，進入百品
競新的興盛時期，除生產茶具外，還生產文房雅玩、香盒等工藝品。萬曆時
期，時大彬、徐友泉等名匠對紫砂的泥色、形制、技法、銘刻有傑出的創造，
創「漢方」、「梅花」、「八角」、「葵花」、「僧帽」、「天鵝」、「足節」諸壺式。
可以說，明代中後期手工業產品的推陳出新與人們觀念的日益趨新互相推
動，促成了「時玩」成為市場追捧的熱點。

四、接受仿古和仿倭

　　明代設計因「崇古」引起對古制和古色的推崇帶來的一股仿古設計風潮
也是這一時期重要的現象。以銅器為例，明代出現了許多鑄銅名家，如石叟、

〔註22〕〔明〕袁宏道：《瓶史》。見〔明〕袁宏道著：《袁中郎隨筆》，北京：作家出
　　　　版社，1995年版，第251頁。
〔註23〕《長物志・器具》。〔明〕文震亨原著，陳植校注：《長物志》卷七，第258頁。
〔註24〕〔明末清初〕李漁：《李漁全集》第三卷，《閒情偶寄〈器玩部〉》，第204頁。

胡文明、徐守景等，說明當時仿古設計物已廣爲接受。高濂就對「新鑄僞造」並不絕對排斥，認爲仿古器物「可補古所無」，甚至對當時淮安地區所制之大香猊、香鶴、銅人之類以及吳中所製銅器抱讚賞態度：

> 近日吳中僞造細腰小觚、敞口大觚……鎝金觀音彌勒，種種色樣，規式可觀，自多雅致。若出自徐守素者，精緻無讓，價與古值相半。其質料之精，摩弄之密，工夫所到，繼以歲月，亦非常品忽忽成者。置之高齋，可足清賞。不得於古，具此亦可以想見上古風神，孰云不足取也？此與惡品非同日語者，鑒家當共賞之。〔註25〕

認爲只要銅質、紋樣俱佳，皆可爲賞鑒之物。他對以善仿古瓷而著稱的蘇州人周丹泉的作品（如圖3）也持肯定態度：

> 近如新燒文王鼎爐、獸面戟耳彝爐，不減定人製法，可用亂眞。
> 若周丹泉初燒爲佳，亦須磨去滿面火色，可玩。〔註26〕

圖3 「周丹泉」款嬌黃錐拱獸面紋鼎

〔註25〕〔明〕高濂編撰，王大淳校點：《遵生八箋》之五《燕閒清賞箋》，第523頁。
〔註26〕〔明〕高濂編撰，王大淳校點：《遵生八箋》之五《燕閒清賞箋》，第533頁。

圖中爲臺北故宮博物院所藏的周丹泉最具代表性的仿古銅鼎而製的嬌黃色瓷鼎，批評家認爲這類仿古器若經過時間的洗禮磨去「火色」也是不錯的。對仿古設計物的接受意味著明代造物已不再將「古」與「時」作爲絕對界限，而能對器物作純粹審美上的鑒別。

　　除了仿古器物被接受，各種仿製東洋樣式的器物也受到喜愛。明初政府雖有海禁政策，但許多朝貢國依舊在官方貢品交換之外帶來大量物品在朝廷的監管下進行民間貿易，其後，海外貿易經歷了一次解禁後再度收緊。儘管幾經變化，然而至明代中後期，民間商舶貿易已經成爲不可阻擋的潮流在半明半暗的狀態下持續，幾乎從未中斷。海外貿易帶來了大量具有異國風格的物品，這些器物一方面流入民間以供日用，另一方面也以其獨特的設計風格和製作工藝影響著手工業者。在充分肯定「倭製」器物的前提下，明代設計對其工藝、裝飾和風格多有借鑒。如文震亨就對「倭製」器物較推崇，他論「臺几」：

　　　　倭人所製種類大小不一，俱極古雅精麗，有鍍金鑲四角者，有
　　嵌金銀片者，有暗花者，價俱甚貴。〔註27〕

論「廂」：

　　　　倭廂，黑漆嵌金銀片，大者盈尺，其鉸釘鎖鑰俱奇巧絕倫，以
　　置古玉重器或晉唐小卷最宜。〔註28〕

又論「几」：

　　　　天然几，以文木如花梨鐵梨香楠等木爲之，第以闊大爲貴，長
　　不可過八尺，厚不可過五寸，飛角處不可太尖，須平圓乃古式，照
　　倭几下有拖尾者更奇。〔註29〕

另如論「袖爐」，他也認爲「倭製漏空罩蓋漆鼓爲上」，再如秘閣、折疊剪刀、裁刀、香盒等物，倭器都能以輕便、精巧而取勝。《長物志》的許多言論都反映了文氏讚賞倭式器物的態度，而從另一側面也折射出了明代日本舶來品和倭式器物大行其道的事實。

　　文氏對日本舶來品和倭式器物的接受和讚賞並不是個例。高濂在論述「文

〔註27〕《長物志·臺几》。〔明〕文震亨原著，陳植校注：《長物志》卷六，第234頁。
〔註28〕《長物志·廂》。〔明〕文震亨原著，陳植校注：《長物志》卷六，第242～243頁。
〔註29〕《長物志·天然几》。〔明〕文震亨原著，陳植校注：《長物志》卷六，第231頁。

具匣」時，也曾指出此物「不必鑲嵌雕刻求奇」，「亦不用竹絲蟠口鑲口，費工無益，反致壞速。如蔣製倭式，用鉛鈐口者佳甚。」〔註30〕這裡，他讚賞了蔣姓工匠仿倭所製的文具匣，據記載，他也曾令人用銅仿製設計巧妙的倭制文具盒做壓尺。漆器方面，以「泥金」和「縹霞」技藝製器而著稱的明代髹漆名匠楊塤，也是因其學習了日本漆藝而大有成就。《七修類稿》記：「天順間，有楊塤者，精明漆理，各色俱可合，而於倭漆尤妙。其縹霞山水人物，神氣飛動，真描寫之不如，愈久愈鮮也，世號楊倭漆。所製器皿亦珍貴。」〔註31〕此外，經由高麗舶來的日本摺扇也受到了上至宮廷，下至市井的喜愛。日本摺扇除工藝上多用「泥金」、「灑金」外，其扇面所表現的自然和人物風情都帶有濃鬱的異域風格，這種嶄新的風格深得人心。隨後，遂有寧波、杭州、蘇州、金陵、徽州、四川等地工匠紛紛仿製「倭扇」，其中以蘇州和四川所產摺扇最受歡迎。《五雜俎》記載：「上自宮禁，下至士庶，推吳蜀二種最盛行」，「蜀扇每歲進御，饋遺不下百餘萬。上及中宮所用，每柄率值黃金一兩，下者數銖而已。」〔註32〕

結　論

　　對於古代的追慕是根植於傳統中國文化中的基因，普遍存在的今不如昔的退化歷史觀深刻地影響著國人的觀念，並反映為一種崇古、好古意識。然而，自明代始，「崇古」意識在造物中漸漸表徵為對古代設計的模仿和引用，許多絕對的標準已被放下，新的觀念和事物漸被接受。隨之出現的古物新用、仿古設計的現象表明，器物漸從「藏品」轉變為日常生活中的「賞品」和「用品」。甚至，在發達的手工業條件下，手工產品數量、品類迅速增長，不斷湧現的新式設計引領消費風潮，人們已毫不避諱地將時玩作為追捧的對象。此外，海外貿易帶來的舶來品也因其工藝精巧和風格獨特成為明代造物模仿的對象，「仿倭」成為明代造物領域又一獨特的現象。可以說，明代造物雖仍崇古尚雅但已不拘於古，在追新慕異的同時又會力避流俗。這一方面反映了明代社會文化開放、包容和務實的特點；另一方面也折射出中國傳統的辨證思維邏輯。正如英國科技史家李約瑟曾說：「當希臘人和印度人很早就仔細地考

〔註30〕〔明〕高濂編撰，王大淳校點：《遵生八箋》之五《燕閒清賞箋》，第 603 頁。

〔註31〕〔明〕郎瑛：《七修類稿》卷 45《事物類》。參見《筆記小說大觀》，臺北：新興書局，1984 年版，第 687 頁。

〔註32〕〔明〕謝肇淛：《五雜俎》卷十二，第 241 頁。

慮形式邏輯的時候，中國人則一直傾向於發展辨證邏輯。」〔註33〕在特定的歷史情境下，中國傳統的辨證思維模式甚至能使許多矛盾的觀念並行不悖地統一在對一事一物的具體評判中。

　　同時，明代是中國傳統社會的一個轉捩點，「整個古老的中國，正面臨著各項衝擊與變動，這是個彌漫『世變』氣氛的歷史階段」。〔註34〕文人趣味左右下的明代造物一方面傾向離異於世俗世界的莊禪境界，另一方面，不免也被豐富多彩的物質世界所吸引，受到多變的社會時尚的濡染。因而，在古調與新聲的合奏中，物質文化中所反映出的設計審美意識也呈現出「崇古」與「追新」的共生與互動，並以這種相悖並存的狀態爲「世變」做著堅實的注腳。

（作者單位：廣州美術學院工業設計學院）

〔註33〕〔英〕李約瑟：《中國科學技術史》第3卷，北京：科學出版社，1978年版，第337頁。

〔註34〕毛文芳：《物‧性別‧觀看——明末清初文化書寫新探》，臺北：臺灣學生書局，2001年版，第3頁。

迎合、微變與程序化
——晚明外銷瓷裝飾圖像的西風東漸*

吳若明

摘要：晚明外銷瓷的圖像裝飾源於中國傳統民間圖樣，包括祥瑞動物、風景、花果等多種主題紋樣。隨著晚明中歐直接貿易量的激增和新的歐洲顧客群體的需求，在面臨新的海外市場時，傳統中國紋樣有意的去迎合市場做出改變，並隨著市場的喜好呈現出偏好性。在裝飾設計中，程序化的構圖方式和中國藝術的模件化體系相結合，通過程序化裝飾母題的簡繁之變、以及單元化裝飾中本體和衍生方式，並結合貿易中陸續傳入的一些歐洲裝飾花卉，適當調整裝飾圖案的局部，形成晚明外銷瓷裝飾圖案中西風東漸的趨勢和中西合璧的設計風格。

關鍵詞：晚明；外銷瓷；程序化

一、海上絲路與貿易背景

1514 年，明朝正德九年，葡萄牙人喬治・阿爾瓦蕾斯等，在馬六甲商人的指引下，首先出現在中國的南海之濱，來到了大明朝的廣州屯門，與中國商人進行貿易，打開了歐洲和亞洲直接貿易之門，成爲貿易全球化時代的開

---

* 本文係 2017 年天津市藝術科學規劃項目資助，項目編號：ZX20170005。

端。〔註1〕從 1550 年左右開始，中西之間直接的、大規模、遠距離貿易在世界經濟中嶄露頭腳。〔註2〕中國的暢銷商品，特別是自元代以來廣銷中東穆斯林地區的青花瓷器，也被葡萄牙商人爭相購入，在回程中賣給中東地區的顧客，其中的一部分商品也陸續帶入歐洲。在這樣一種新奇、實用且光鮮的器皿上，東方的圖案裝飾也開始走進歐洲世界。17 世紀初荷蘭人很快就建立自己的貿易網絡並控制了東南亞地區的貿易，劇增的貿易量，數以萬計的中國瓷器開始大規模地銷往歐洲，歐洲市場成為中國瓷器新的客戶群體。以 1602 年由荷蘭人截獲的 Catherina 號貨船為例，這批以中國明代萬曆瓷器為主的貨物在阿姆斯特丹拍賣時，總獲利達當時荷蘭幣 3，400，000 guilders（盾）。〔註3〕高額的利潤也直接刺激貿易。僅 1602～1644 年，荷蘭東印度公司販賣的中國瓷器，總數達 420 萬件。」〔註4〕16 世紀中期，在景德鎮有一萬餘人積極參與到大規模工業化的陶瓷產業中。景德鎮瓷器對於當地、全國乃至國際都有重大的經濟影響力，成千上萬的瓷器從這裡輸入各地市場。以景德鎮為主的中國城鎮藝術家和手工藝人一方面追求宮廷藝術的名貴和技術的考究，另一方面也要迎合潮流和新的顧客群體品味，受到國外的式樣的影響，產生了不同文化背景下紋樣的漸變。〔註5〕

二、遭冷遇而消逝的龍鳳

龍鳳題材是中國頗具歷史的固定裝飾題材，公元前一千年前中國人就創造了龍的形象，並記錄在早期的甲骨文和青銅禮器裝飾上，作為神鳥的鳳凰也銘刻在同期的藝術作品上。〔註6〕龍鳳源於中原夏殷兩族的神話傳說，即「鯀死，化為黃龍，是用出禹」和「天命玄鳥，降而生商」。〔註7〕漢代時期，龍、

〔註1〕 魯東觀察使（安豐文）著：《1514：發現大明》，北京：北京時代華文書局，2016 年版，第 1～2 頁。

〔註2〕 〔美〕杜樸、文以誠著，張欣譯：《中國藝術與文化》，北京：北京聯合出版公司，2014 年版，第 333 頁。

〔註3〕 John Goldsmith Phillips, *China-Trade Porcelain*, Cambridge, Massachusetts: Harvard University Press, 1956, p.19.

〔註4〕 葉文程：《宋元明時期外銷東南亞瓷器初探》，《中國古外銷瓷器研究論文集》（北京：紫禁城出版社，1988 年版），第 69 頁。

〔註5〕 〔美〕杜樸、文以誠著，張欣譯：《中國藝術與文化》，第 318 頁。

〔註6〕 〔英〕羅森著，孫心菲譯：《中國古代的藝術與文化》，北京：北京大學出版社，2002 年版，第 322 頁。

〔註7〕 何新：《談龍說鳳：龍鳳的動物學原型》，北京：時事出版社，2004 年版；第 2 頁。

鳳和虎、龜組合成爲宇宙四方相聯的神獸。唐代起龍、鳳的宗教象徵寓意削弱，多用於裝飾銀器爲主的其他工藝品。景德鎮的民窯瓷器裝飾，從元至明清發展以來一直深受浮梁瓷局及御窯裝飾體系圖案的影響，並以龍鳳等神瑞之獸題材爲多見。

根據 Regina Krahl 先生編著的《土耳其伊斯坦布爾藏中國瓷器圖錄》來看，在元代銷往中東地區的瓷器中，除牡丹等纏枝花卉外，龍鳳題材仍佔據多數，尤其是鳳紋題材。〔註8〕事實上，在伊朗等地區也有類似圖案並具有永生寓意的神鳥，被稱爲 Simurgh，也是當地常見的裝飾圖案，〔註9〕有利於中東市場對於非現實瑞獸題材的接受。但在晚明外銷歐洲的瓷器中，龍鳳紋樣並不常見。據在目前發表的相關晚明外銷歐洲的瓷器資料看，龍紋的克拉克瓷極少，僅有藏於英國維多利亞博物館和德國卡塞爾博物館等少數個例，如圖 1 維多利亞藏瓷盤，盤壁爲典型克拉克開光裝飾，瓷盤中央爲四爪龍紋的主題圖案。卡塞爾博物館藏的構圖相近，區別只是在盤內增加了幾何紋的錦地邊飾。〔註10〕正面龍紋設計從元代流行的以龍身體爲主要刻畫對象的遊走形式側面龍，發展成突出龍首正面形象的正面龍紋，是自明代萬曆起至清代瓷器裝飾上龍紋的經典設計。龍紋設計上基本和《程氏墨苑》中「飛龍在天」粉本趨於一致。〔註11〕如圖 2，正面龍首的平面勾勒，龍頸從頂部繞過呈圓圈狀，並在下部以彎曲變化的 S 狀延展開。二者在背景上同樣運用到了火焰紋和祥雲的裝飾元素，但構圖上尾部處理略有不同。此外，克拉克外銷瓷盤上的龍紋爲四爪龍，而版畫「飛龍在天」爲象徵皇室的五爪龍。這種在龍爪上的區分設計也秉承了國內御窯廠器物五爪龍的壟斷。鳳紋是國內非常流行的紋樣，但在陶瓷主產區景德鎮的外銷瓷中，並不常見。一些福建漳州窯的外銷青花瓷器中運用了站立的單鳳主題紋樣，但從歐洲的傳世品來看，也並沒有得到廣泛流行，它可能更偏向於銷往文化接近的東南亞地區。

〔註8〕 Regina Krahl. *Chinese Ceramics in the Topkapi Saray Museum Istanbul: A complete Catalogue*. 3 vols. London: Sotheby, 1986.

〔註9〕 Juan Eduardo Cirlot, A Dictionary of Symbols, Courier Dover Publications, 2002, p. 253.

〔註10〕 Schmidt, Ulrich. *Porzelanaus China und Japan: Die Porzellangalerie derLandgrafen von Hessen-Kassel Staatliche Kunstsammlungen*, Kassel and Berlin: Dietrich Reimer, 1990, p. 178.

〔註11〕 昌彼得主編：《明代版畫選》，臺北：國立圖書館，1969 年版，第 43 頁。

　　來自中國的華麗裝飾龍鳳紋等非自然界眞實祥瑞動物的紋樣，儘管在晚明的官民窯中極爲常見，但由於文化背景的差異，並沒有受到歐洲市場的歡迎，很難以引起消費者的共鳴。〔註12〕龍鳳紋樣在晚明外銷歐洲市場瓷器中的逐漸淡出，正是因爲這類紋樣在新的貿易市場中遭到冷遇造成的。

圖1　克拉克龍紋瓷盤，　約1573～1620年，英國維多利亞博物館藏

〔註12〕歐洲的龍的形象可以追溯到中世紀，從基督徒聖喬治屠龍神話的傳播可見，龍常被視爲邪惡的象徵，且在外形上有雙翼，和中國龍不能等同，在此不展開敘述。

圖 2　龍紋版畫，明代《程式墨苑》

三、微變的中庸之景：田園之鹿與池塘水禽

　　相較於龍鳳神獸題材的冷遇，在晚明外銷瓷的裝飾紋樣中，各種自然界常見的動物結合自然風景的主題紋樣愈發流行，尤爲兩類即田園之鹿和池塘水禽景色突出，同屬自然風景（nature scene）。雖然鹿和雁等在晚明裝飾紋樣

中仍具有神瑞寓意，但在外銷市場中的接受群體多理解爲去寓意化的自然表現，同樣也更能引起新顧客群體的共鳴和對圖像的接受。

3.1 蒼原野鹿到田園之鹿

從原始岩畫到陶器、金銀器等，源於自然的鹿紋是世界範圍內常見的裝飾題材。歐洲和中亞對鹿的理解，更多是和狩獵相關，尤其是蒼原野鹿的形象。在人類文明史上的漁獵時代，都曾有過對鹿角的崇拜，這是因爲人類對時間和曆法的認識，正是從每年春天鹿茸的生長開始的，這就是「物候曆法」的起源。〔註 13〕在連接中歐之間的北方草原文化中，鹿作爲草原中最常見的動物之一，也是在金屬工藝裝飾中常見的形象。如圖 3 的一組鹿紋銅牌，以矯健的身軀和西伯利亞大角鹿的誇張鹿角相組合，表現出蒼原野鹿的形象。和蒼原野鹿的雄健相比，明代瓷器上的鹿紋多爲外形秀美的梅花鹿。鹿紋裝飾亦與神瑞寓意相聯，漢賦《楚辭·哀時命》有云，「浮雲霧而入冥兮，騎白鹿而容與。」詩文描述中鹿爲人升仙時的乘騎。在晚明沈遴奇所編版畫《剪霞集》中，雙鹿圖案亦加以「仙鹿」（圖 4）題款。〔註 14〕

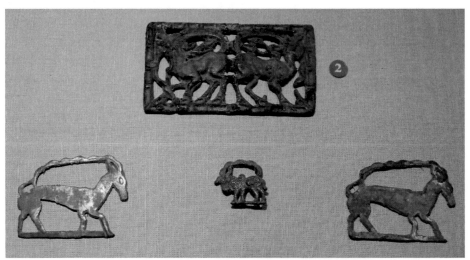

圖 3　鹿紋銅牌，戰國，甘肅省博物館藏

〔註 13〕喬曉光：《吉祥在東西方之間》，《中國國家地理》2007 年第 1 期，第 66～72頁。

〔註 14〕《剪霞集》屬晚明，爲沈遴奇（1603～1664 年）所編，明彩印版畫，用紅、棕、藍、綠、灰套印，美國王方宇處收藏 16 幅，據說日本最近又發現後印本40 多幅。〔美〕高居翰：《高居翰數字圖書館》，杭州：中國美術學院，http：//210.33.124.155:8088/JamesCahill。

圖4　仙鹿版畫，明代《剪霞集》

　　從傳世瓷器來看，嘉靖時期民窯的天官鹿紋圖和萬曆時期的五彩百鹿尊，將鹿紋的裝飾推向瓷器裝飾高峰，民窯瓷器紋樣多受官窯影響。晚明瓷器上盛行的梅花鹿紋，和早期金屬器皿上蒼原野鹿的雄健之態相比，更多表現為田園之鹿的悠閒和安逸，且在形態上和版畫也有相近之處（圖5）。鹿紋在外銷市場中受到了極大的歡迎，在隨後的貿易中，鹿紋成為訂購產品中頗為重要的紋樣，以行銷歐洲的萬曆朝外銷瓷為例，鹿紋佔據了極大一部分。以2003年打撈出海的萬曆號沉船公佈的數據為例，打撈瓷器按紋樣約66類型排列，雙鹿為主題裝飾的瓷盤（Twin deer plates）位居首位，總數約10442件，占總瓷器數量（約37300件）三分之一。還有數量達10336件的小碗中也不乏鹿紋裝飾。〔註15〕

〔註15〕Sten Sjostrand and Sharipah Lok bt.Syed Idrus: *"The Wanli Shipwreck and its*

圖 5　克拉克雙鹿瓷盤，約 1573～1635 年，法國吉美博物館藏

　　歐洲市場上該主題能夠被廣泛接受和喜愛，得益於鹿形象在各地區的常見和紋樣中的運用。在數量劇增的晚明外銷瓷中，鹿紋的裝飾所帶有的仙鹿寓意被簡化，而自然的田園之風更因新的顧客群體的審美接受和自身的裝飾傳統，成為流行的裝飾圖案。

3.2 池塘水禽的自然風情

　　池塘水禽的動物題材是克拉克瓷盤中頗為流行和常見的盤心主題紋樣，且流行持續時間較久。數目不等的水禽在瓷盤盤心處分上下兩部分別以示近景和遠景，數量也從單隻到多隻不等，往往依器物大小而改變。水禽的繪畫中最為常見的即野雁，同樣具有祥瑞寓意。如圖 6，這個直徑有 53.2cm 的克拉克瓷盤中心，近景處淡描青花色的岩石上繪有三隻棲息在岸的野雁，遠景

Ceramic Cargo", Malaysia: Department of Museums Malaysia and Sten Sjostrand, 2007, p. 44.

處三隻正飛翔在天空，兩組中間池塘上還有一隻遊於水上。這類圖案在構圖上也與明代版畫有相似之處，如流行甚廣的《顧氏畫譜》中所選取的翎毛類精品畫作（圖7）。

圖 6　克拉克水禽紋瓷盤，約 1573～1635 年，德國德累斯頓國立藝術收藏博物館藏

圖 7　水禽版畫，明代《顧氏畫譜》

　　野雁在中國也可謂禽中之冠，常被視爲五常俱全的靈物，即仁義禮智信，是工藝裝飾中較早出現的圖案，如唐代三彩陶盤（圖 8），並沿用至明代。宋金元磁州窯中流行的「雁銜蘆」紋更是和銜祿、傳臚寓意相連。〔註16〕和仙鹿相似，在晚明的外銷瓷器中諸如雁紋等水禽的祥瑞寓意也因外銷市場的文化特點而淡去，在單色青花勾勒寫意的晚明外銷瓷器上，常和野鴨易於混淆，而後者則是歐洲極爲常見的河岸自然景致。因其所表現的對象也同樣符合歐洲的自然風情，所以深受市場喜愛，並衍生爲更多的池塘水禽圖案。

〔註16〕常櫻：《宋金時期「雁銜蘆」紋的產生與演化》，《裝飾》2015 年第 7 期，第 84～86 頁。

圖 8　三彩雁紋盤，唐代，上海博物館藏

四、圖像的兼容：中西合璧

　　1635 年貿易出現了轉折後，隨著荷蘭商人和中國更爲直接的貿易展開，一些來自歐洲的圖樣和對商品內容的需求反應在外銷瓷的裝飾圖像中。除了在器物主題裝飾上流行的上述自然風景外，在邊飾等輔助紋樣上還開始盛行歐式花卉以及中國普通人物輔助紋。中國式樣的花卉被荷蘭地區的花卉替代，與其他更具異域風情的中國圖案組合，形成了中西合璧式的陶瓷紋樣。

4.1 中西合璧的序曲

　　當葡萄牙商人在 16 世紀開始進行亞歐陶瓷貿易時，中國的瓷器主要是在沿途中銷往中東地區，即延續元代中國青花的主銷售區。同時，也有一部分瓷器被帶回歐洲，包括少量訂製的帶有家族徽章的瓷器，作爲陶瓷上的主題紋樣，和中國邊飾相組合。尤其是在 1575～1602 年間由葡萄牙 Almeida 家族訂製的含徽章紋樣的一組瓷器。〔註 17〕此外，在銷往中東地區的瓷器中，也偶有在中國紋樣爲主的青花器物上出現波斯文詩句的個例。〔註 18〕但在此期

〔註 17〕Maura Rinaldi, *Kraak Porcelain: A Moment in the History of Trade*, London: Bamboo Publishing Ltd, 1989, p. 89.

〔註 18〕Christiaan Jorg, Campe Borstlap, and Eliëns, *Oriental Porcelain in the Netherlands*,

有限的貿易額中，這兩類也都沒有在裝飾題材中成爲主導方向。

4.2 荷蘭貿易的轉折

和清朝中後期普遍按購買方給定紋樣的訂製方式不同，當荷蘭人自 1602
年成立東印度貿易公司，取代葡萄牙商人的海上瓷器貿易後，儘管歐洲市場
成爲外銷瓷器的主要對象，且需求量銳增，但荷蘭人很長時間並沒有對晚明
外銷瓷的裝飾紋樣做出干涉，而僅僅是在器型、尺寸、數量等方面的要求。
事實上，荷蘭商人在 17 世紀初已抵達東亞，中國官方嚴格地調節和控制著貿
易船運，由專人處理和荷蘭人貿易。爲謀取利益最大化和壟斷中國貿易，荷
蘭人和中國海上貿易主導者鄭芝龍之間發生了數次海戰。直至 1634 年戰事平
息後，荷蘭人才有機會參與訂製和獲得他們的新式瓷器。〔註 19〕因此，在克
拉克瓷器發展的後期，即 1635 年之後，荷蘭東印度公司開始在訂單中對紋樣
有所要求，出現了中西合璧的紋樣，並持續至明末，成爲此期貿易瓷器中廣
泛應用的流行紋樣。〔註 20〕

4.3 荷蘭式花卉

新出現的花卉帶有強烈裝飾性和風格化的西方樣式，又類似於當時荷蘭
風行的土耳其伊茲尼克（Iznik）地區織物和陶器上裝飾花樣風格（圖 9），也
被稱爲西式花卉或荷蘭式花（Dutch flowers）。〔註 21〕紋樣具有同一時期歐洲
流行花卉題材的裝飾性特徵，即細長的枝莖和類似羽毛呈卷草形的葉，以及
鬱金香紋。特別是來自土耳其的鬱金香，1634 年起在荷蘭倍受追捧，直接影
響此式樣花卉在 1635 年後於中國外銷瓷中的植入。這類花紋經荷蘭商人帶入
中國，和極具中國風情的「漁樵耕讀」等系列普通人物勞作的圖像相間爲邊
飾，與盤心的女性勞作紡織圖或晚明景德鎮民窯常見的天官圖等中西合璧、
相得益彰（圖 10）。

　　　　　Gronigen: Groniger Museum, 2003, p. 41.
〔註 19〕Christiaan Jorg, *Porcelain and the Dutch China Trade*, Hague: Uitgeverij Martinus
　　　　　Nijhoff Press, 1982, pp. 22-46.
〔註 20〕T. Volker, *Porcelain and the Dutch East India Company: As Recorded in the
　　　　　DAGH-REGISTERS of Batavia Castle, Those of Hirado and Deshima and Other
　　　　　Contemporary Papers 1602-1682*, Mededelingen van het Rijksmeseumvoor
　　　　　Volkerkunde, Leiden 11. Leiden: Brill, 1971, p.60.
〔註 21〕Maura Rinaldi, *Kraak Porcelain: A Moment in the History of Trade*, London:
　　　　　Bamboo Publishing Ltd, 1989, p. 113. Canepa in Vinhais and Welsh, eds., *Kraak
　　　　　porcelain*, London: Graphicon Press, 2008, p. 38.

圖 9　土耳其伊茲尼克陶盤，法蘭克福應用藝術博物館藏

圖 10　克拉克人物紋瓷盤，約 1635～1644 年，德國法蘭克福應用藝術博物館藏

　　新興的外銷瓷裝飾題材的出現，是由主要的經銷商荷蘭東印度公司的商人自 1635 年按照歐洲國家花卉的流行以及這一時期對於中東類花卉的熱潮，帶給中國相應的陶磚等小樣（圖 11），並加大此類訂單量引起的改變。〔註22〕其中出現的普通人物形象，也是順應需求新出現的，在同期內銷市場並不常見，但卻增加了商品的異域風情。

圖 11　荷蘭鬱金香紋陶磚，約 1625～1650 年，英國維多利亞博物館藏

五、程序化與微變體系

　　在迎合新的顧客群體需求方面，景德鎮的窯工們一方面敏銳的捕捉市場的動態，生產盛行和被需求的紋樣，另一方面又在本身擅長的傳統花鳥等紋

〔註22〕此觀點由荷蘭萊頓大學教授 Christiaan Jorg 在 2013 年的會晤中提出，特以致謝。

樣上進行程序化的極簡構圖，以模件到單元的形式，廣泛地運用在這些微變中的外銷瓷裝飾上。通過花卉的簡繁之變，以及「鳥立山石」的本體和衍生變遷方式，既保證了繪製的熟練度，也豐富了裝飾的多樣性。

5.1 花卉的簡繁之變

在外銷領域的瓷器中，和中外交流的其他紡織紋樣等類似，源於自然的美麗花卉一直是常見的裝飾母題。通常人們能夠鑒別出瓷器裝飾內容有限的題材庫也正是這些獨特的母題，如牡丹、鳥雀以及亭閣，這些母題被稱之為裝飾的模件。以牡丹花卉為例，根據裝飾區域的大小和要求，陶工可以變換不同母題的複雜性，即通過增加或減少母題的數目而達到繪畫的簡繁效果。〔註23〕晚明時期的民窯青花圖案極為簡潔，而歐洲市場明顯傾向於較為繁複的繪畫，更顯畫風細緻。同樣的單支花卉的圖案應用於不同尺寸的器物裝飾，即可通過增加變化花頭的數量，也可通過增加枝葉的數量達到這種繁複效果（圖5、13局部），從而更好的迎合市場風格需求和器物造型與大小。

花卉簡繁之變的方式是陶工在短時間完成大量訂單極為有效的方式，最初構成單隻花卉的本體構圖和繪畫非常簡單，是中國傳統折枝花卉的最簡形式，陶工可以不依賴繁複的粉本和繪畫技巧而掌握的，這些單一的花卉經畫工自由複製增加其數量，便可豐富畫面。花卉簡繁之變的方式同樣還運用在其他果實裝飾，特別是帶有長壽寓意的桃紋，它們通常和花卉相間為邊飾，除桃子的數量增加，還將葉子最大化的增多，以致帶有向日葵的視覺效果，成為特別的風格化陶紋（stylized peach）〔註24〕。（圖5、圖6局部）田園鹿紋和池塘水禽一樣可以藉此方式而自由變化。有意思的是，花果的增加方式常為一到三的奇數變化，而鹿、水禽等常以偶數方式增加。

5.2 「鳥立山石」的本體與衍生

在晚明外銷瓷上形隻影單的鳥兒立於山石之上是常見的繪畫題材（圖12），這樣的鳥立山石構圖設計同樣出現在晚明盛行的鳳凰等其他鳥雀圖案上，它們首先從金銀器裝飾被借用於漆器，並逐漸轉移到瓷器上，從此「鳥立山石」成為標準圖案，並廣泛的應用在出口的瓷器上。〔註25〕

〔註23〕〔德〕雷德侯著，張總等譯：《萬物》，北京：生活讀書新知三聯書店，2005年版，第130頁。

〔註24〕Maura Rinaldi, *Kraak Porcelain*, London: Graphicon Press, 2008, p. 102.

〔註25〕〔英〕羅森著，孫心菲譯：《中國古代的藝術與文化》，第323頁。

圖 12　克拉克青花小碗，約 1573～1635 年，英國維多利亞博物館藏

　　和花卉類似，鳥立山石本身是非常簡化的一個母題，在碗底單獨的母題已可以很好的填補畫面的空白，面對更大的空間，如盤子的中心主題紋樣，可以通過和其他紋樣的組合，構成複雜的衍生紋樣。花卉是市場借助的組合體，如圖 13 折沿碗碗心，通過花卉和鳥立山石的組合，已經成為晚明外銷瓷上最常見的園林小景。畫工以其母題組成構圖——單元（主題紋樣），在構建這些單元的時候，它確實有一定的自由，因為可以選擇模件的種類及數量多少。〔註 26〕甚至前文提到的池塘水禽，從某種意義上，也可以看成「鳥立山石」本體的衍生。可替代的母題為大批量的訂單繪製增加了主題紋樣的豐富性，從而更好的迎合市場的需求，又避免產品紋樣的過於雷同，成為雅致的園林小景。

〔註 26〕〔德〕雷德侯著，張總等譯：《萬物》，第 130～138 頁。

圖 13　克拉克青花折沿碗，約 1573～1635 年，德國德累斯頓國立藝術收藏博物館藏

六、微變與固式：多開光設計的流行

　　晚明的外銷瓷紋樣在微變中更好的迎合新的市場，同時多開光的設計也在市場化進程中，從部分使用漸成為晚明外銷瓷上廣泛運用的設計固式。微變的圖案以模件化的方式有規律地分佈在器皿的裝飾中，顯得繁複而規律。包括在迎合市場，增加徽章、荷蘭花卉以及中國普通人物勞作等紋樣時，也可以簡單地以取代設計中部分開光的形式，達到新的圖案的整體統一。

　　這種裝飾風格的構思目前有多種觀點。陶瓷器多開光設計可追溯到伊斯蘭地區早期陶器設計。〔註 27〕晚明邊飾多開光的瓷器和其他非多開光的簡化裝飾風格青花瓷器同期並存，目前據傳世品認為這種以多開光為主要設計的繁密裝飾在明朝中國的民窯瓷器上非常少見，主要是對特定市場的迎合。明朝長期禁止自由海上貿易，直到隆慶時期（公元 1567～1672 年）部分解除海禁，至萬曆二十七年（公元 1599 年），陸續開放海禁，允許自由貿易。因此恢復海外貿易中的景德鎮外銷瓷器，陶工在迎合市場中，延續了元代針對中

〔註27〕羅易扉，曹建文：《景德鎮克拉克瓷開光裝飾藝術的起源》，《中國陶瓷》，2006年第 9 期，第 80～85 頁。

東伊斯蘭市場的風格，多開光的蓮瓣紋、繁密的畫風，這和以多開光設計爲主的晚明外銷瓷是一致的，也反應了海外需求市場對於其形成的影響。有學者推測其在晚明外銷中的盛行源於荷蘭工藝品的裝飾風格，因爲這種克拉克瓷器的寬邊多開光裝飾非常相似於荷蘭中世紀木質的餐盤。〔註 28〕事實上，在全球貿易初期，作爲中間商的葡萄牙商人爲了迎合如印度、伊朗、印尼等市場，這些產品顯著的受到印度和阿拉伯文化的影響，延續了這樣繁複的裝飾。〔註 29〕葡萄牙人顯示了對於這一種有豐富裝飾物喜愛的偏向，並影響了荷蘭商人和十六世紀中葉整個歐洲。

七、總結

萬曆晚期，隨著貿易的增長，海外需求的不斷擴大，促進景德鎮的能工巧匠們在生產外銷瓷的過程中，對紋飾不斷改進。明末內銷青花瓷器，在國內大範圍民用的需求下，從總體裝飾風格來說，是追隨文人寫意風格，畫風趨於抽象和簡約。但是，外銷瓷器卻是當時歐洲中上層階級所享有的奢侈品，在裝飾上極富裝飾性，具有細緻化發展的取向。值得注意的是，由於這一時期以荷蘭爲主的歐洲商人並沒有給出完全的樣稿，更多是按照提供的產品而加以選擇，這也是剛剛興起的資本主義國家荷蘭對國內藝術品購買出現的新趨勢。在這種情況下，作爲供貨商的中國陶瓷的生產者只能有意識的去迎合海外市場，當上一年度某種紋樣或風格的瓷器在市場上受到歡迎後，必然在接下來的一段時間都繼續沿用，而不是再去冒險。有能力的作坊有可能在跟隨一段時間後，尋找新的圖樣嘗試，以贏得創新點，有力爭奪並引領市場。而在 1635 年之後，隨著荷蘭商人傳入的局部樣稿，更出現了中西合璧的裝飾。模件化的生產體系將這些傳統母題自由組合，簡繁互變，最大程度地適應了新的市場需求和品味，並易於結合歐洲紋樣。在晚明的外銷瓷圖像裝飾中，圖像所呈現出的正是迎合新的歐洲市場的微變之象。

（作者單位：南開大學文學院東方藝術系）

〔註 28〕 Julie Emerson, Jennifer Chen und Mimi Gardner Gates, Porcelain Stories-From China to Europe, Seattle and Washington: Seattle Art Museum und University of Washington Press, 2000, p.253.
〔註 29〕 Maura Rinaldi, "Dating Kraak Porcelain", *Vormen Uit Vuur*, No.180/181, 2003, p. 33.

道德、秩序與情色
——古代墓葬裝飾中的梳妝圖

陳長虹

摘要：從宏觀的角度審視中國古代墓葬裝飾中對女性人物的型塑，女性梳妝很容易被研究者忽略。和墓主畫像的情況類似，梳妝圖像也是東漢與宋金墓葬裝飾中常見的題材。本文從前後兩個時段入手，一方面對漢代「樓閣拜謁圖」中上層女眷的梳妝細節加以辨識，結合兩漢人物畫的倫理鑒戒功能，推測「樓閣拜謁圖」作為漢儒家國一體政治烏托邦的圖畫夢想；一方面注目宋、金墓葬裝飾中的相關圖像，結合古代人物畫的總體發展趨勢，對其中的女性墓主和侍妾身份加以區隔，推論在一個新的社會轉型期，處於上升階段的廣大士庶階層在墓葬營造的家庭私人空間中，用梳妝這一細節建構女性社會性別，身份和地位，並最終達致道德之美與容顏之美的握手言歡。

關鍵詞：東漢；宋金；墓葬；梳妝圖；

如果從宏觀的角度去審視中國古代墓葬裝飾，在題材方面，正如梁莊艾倫指出，會發現有三方面的內容：一是漢唐以來到宋、遼、金墓葬裝飾一直沿用的內容，如門吏、四神；二是唐代之後出現的裝飾題材上的革新，如家具、格子門、釋道因素；三是在漢代出現過但在唐代卻沒有或只是偶見，在宋代卻普遍使用的題材，如宴飲、半啓門、孝子故事等。這種歸納頗具啓示性，卻不夠完整。比如漢代墓葬裝飾中流行的歷史故事，除了孝子故事保留下來，列女、列士等鑒戒類人物故事圖像卻是魏晉，尤其唐以後墓葬裝飾幾

乎完全摒棄的內容。而墓主畫像（準確地說是亡者的鏡像）始見於東漢，唐代少見，五代以後又開始廣泛流行。本文將提出討論的，是古代墓葬裝飾中的梳妝題材圖像。在過去的研究中，「梳妝」作為女性在純然私人領域內的一種活動是容易被研究者忽略的，更不被視作一種圖像題材加以討論。但是如果我們從性別角度切入考慮，對於為逝者服務的墓葬裝飾而言，服務的對象不外乎男／女兩性；圖像的內容，所呈現與所關聯的也同樣是男／女這「兩個」群體。對於佔據人類群體一半的女性而言，她們在古人的圖像中「做什麼」，顯然對我們理解這些圖像至關重要。針對女性梳妝這一古代墓葬裝飾中恆久不變的主題，考察其在不同時期的圖式與寓意的具體變化，一方面有助於我們避開男權社會的權威話語，直面不同歷史時期的社會人群對女性的形象圖繪，理解世俗階層在墓葬繪畫中對女性社會性別、身份、地位的建構方式；另一方面，從性別這一視角切入，注目女性的活動，亦有助於我們從一個全新的側面去思考古人構築墓葬裝飾圖像的深層涵義。

一、被忽略的「他者」

在山東地區，尤其是嘉祥地區出土東漢小祠堂正壁畫像上，常見雙層樓閣。這種被多數研究者稱作「樓閣拜謁圖」的圖像已經過學者多年的討論，但是沒有人去認真辨識上層樓閣中女性人物的行為。如果我們細讀圖像，會發現居中端坐女性的兩側，側面躬身女子往往有持鏡的動作，或舉鏡侍候正坐女子，或對鏡自照，此外還不乏對鏡理鬢、垂頭梳髮的細節。沒錯，這層樓閣是她們的閨房，而她們正在梳妝。

武氏祠畫像中，梳妝女性出現於三處。武梁祠後壁「樓閣拜謁圖」中樓閣上層有七名女性。〔註1〕右起第三、四女為中心人物。第三女頭戴花冠，正面端坐，其左側一女手持便面。第四女側身向右，面對右邊女子手中所持的鏡子。此女身後更有一女，躬身手捧圓形奩盒。

前石室後壁小龕正壁樓閣上層正中一身形高大的女性正面端坐，左右各有四女〔註2〕。右女奉碗（或盞），左女手中所持或為一平舉的銅鏡。此正面樓閣經過轉角，與小龕西壁第二層圖像緊密相連〔註3〕。其中八女跪坐，中間

〔註1〕參見蔣英炬主編：《中國畫像石全集1：山東漢畫像石》，濟南：山東美術出版社，2000年版，圖51。
〔註2〕同上，圖84。
〔註3〕同上，圖64。

二女各伸一手捧接一物，二人之間的地面置一器具，或爲奩盒。右起第一女右手握住銅鏡的綬帶，正舉鏡端詳自己的面容。

此外，左石室雙層樓閣上層共有十名女性。居中一女正面端坐，其右女奉上奩具，左女手舉鏡子（圖1）。

圖1　左石室後壁小龕後壁女眷圖像

（採自《中國畫像石全集1》圖84）嘉祥宋山小祠堂畫像上，亦有類似的梳妝場景。

1號小祠堂後壁樓閣上層居中一女正面端坐，其左右各有二女〔註4〕。右女手握銅鏡正在審視自己的面容。

3號小祠堂後壁樓閣上層三名女性正面端坐，其右一女手捧一卮面向左邊的托梁力士。其左二女，一女捧卮，一女持三珠果。再向左爲一組合場景：一名女子面右俯首，長長的頭髮從頭頂攏成一束，從前額拉下，手握髮端，正在梳頭髮。她的對面一名女子攬鏡自照，二人之間有一圓形奩盒。這是漢畫中第一次出現女性梳髮的場景，所繪情形類似於今時女性剛洗完髮後，因頭髮太長，故垂首從腦後攏至前面梳理。再往右，是托舉力士和背囊女子。越過斜坡屋脊和斗拱是另一間樓閣。樓內一女左向立，左手持鏡，右手繞到腦後正在簪戴髮釵一類頭飾。因手臂高舉，寬大的衣袖垂墜到肘部，是極爲生動的細節描繪。在她面前，托梁力士躬身單手奉上奩盒（圖2）。此外，2號小祠堂後壁樓閣上層正中一女正面端坐〔註5〕，其右二女，一女攬鏡自照，一女手舉一鏡奉於端坐女子，同時轉過頭和身後女性交談。

圖2　宋山3號小祠堂後壁樓閣上層女眷圖像

（採自《中國畫像石全集2》圖105）

〔註4〕　參見賴非主編：《中國畫像石全集2：山東含畫像石》，濟南：山東美術出版社，2000年版，圖103。
〔註5〕　同上，圖92。

　　嘉祥南武山畫像上層與武氏祠左石室上層類似，一女正面端坐，其左右二女，右女奉鏡，左女奉碗。〔註6〕

　　隋家莊關帝廟畫像石右半殘斷，左段左邊爲一雙層樓閣。樓上一體形較大女性正面端坐。其左側一女手持銅鏡遞向正坐女子。這個局部畫面與前述多幅圖像最大的區別在於樓閣的柱子並非托舉力士。（圖3）

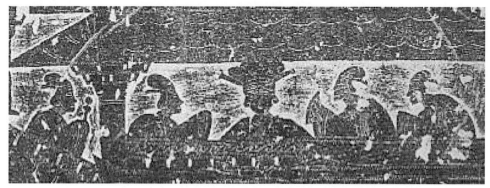

圖3　嘉祥隋莊關帝廟畫像石女眷梳妝圖像

（採自《漢代畫像全集》一編圖189）

　　平陰縣實驗中學出土祠堂後壁畫像雖漫漶過甚，其圖像表現亦值得特別注意〔註7〕。上層左邊一女側身仰首攬鏡自照，鏡子的綬帶隨之揚起，極富動感。右邊二女對語，面孔貼近（圖4）。右闕外上層簷下樓內有二人對語。左闕上層簷上一獸上攀，簷下三女親密對語。對語的女性造型讓人聯想到洛陽八里臺漢墓山牆壁畫上的對語女子〔註8〕，她們營造了令人難解的深閨私密氣氛。

<hr />

〔註6〕　1969年在嘉祥南武山出土的三塊畫像石，從尺寸和畫面布局分析，應該是一座小祠堂的三面。參見朱錫祿、李衛星：《山東嘉祥南武山漢畫像石》，《文物》1986年第4期，第87頁。圖像參見賴非主編：《中國畫像石全集2：山東含畫像石》圖132。

〔註7〕　1991年平陰縣實驗中學發現一座拆用漢畫像石建造的晉墓，其中第七石斷爲兩塊，拼接估計爲祠堂後壁。畫像由界欄分爲二層，下層爲樓闕拜謁圖。參見喬修罡、王麗芬：《山東平陰縣實驗中學出土漢畫像石》，《華夏考古》2008年第3期，第32頁。

〔註8〕　參見富田幸次郎：《波士頓美術館藏中國畫帖（漢至宋）》，劍橋：哈佛大學出版社，1938年版，圖13-9。

圖4　平陰縣實驗中心出土漢畫像石樓閣女眷圖像

（採自《山東平陰縣實驗中學出土漢畫像石》,《華夏考古》2008 年 3 期第 32 頁）

　　祠堂正壁的「樓閣拜謁圖」作爲一種固定的圖示主要見於嘉祥地區，此外嘉祥以北一百多公里的平陰有一例。目前對這幅圖像的上層人物的理解均來自下層受拜謁男子，主要有三種看法，包括受穆天子朝拜的西王母，漢宮中的帝后和妃嬪，祠主的妻妾。〔註9〕

　　從畫面來看，樓閣下層和樓閣上層呈現出上下疊壓的布局。一層樓閣的斜坡屋頂和雙闕的下層斜坡頂幾乎相連，托梁力士之外的女子恰似站在坡形屋脊上，實際她是被懸在了半空。在現實中，類似結構的樓閣雙闕和人物組合不可能存在。圖像描繪的實爲空間上具備縱深的建築，畫像石二維平面的構圖使得畫者採用了上下疊壓的方式處理圖像。依照下近上遠的原則，雙闕離我們最近，拜謁者所處下層樓閣是一個單獨的廳堂。廳堂之後，女賓所處的第二層樓閣其實是寢，這同樣是單層。這是一座以闕爲進門標誌，前堂後寢的大型院落。樓閣旁邊的大樹生長於院內，樓閣拜謁圖下層的車馬出行奔馳於院外（圖 5）。這種俯瞰爲日字型的庭院建築在山東沂南漢墓裏有相對立體寫實的描繪。〔註 10〕代替柱子的力士，樓閣頂部的飛鳥，羽人等祥瑞都說明這個庭院並非現實生活中的庭院，這是一個人們想像中的理想世界。

〔註9〕　參見信立祥：《漢代畫像石綜合研究》，北京：文物出版社，2000 年版，第 92～93 頁。

〔註10〕　參見曾昭燏、蔣寶庚、黎忠義：《沂南古畫像石墓發掘報告》，北京：文化部文物管理局，1956 年版，圖版 103；拓印圖見蔣英炬主編：《中國畫像石全集1：山東漢畫像石》，第 155～156 頁圖 207。

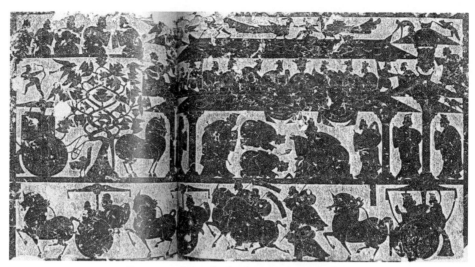

圖 5　山東祠堂樓閣拜謁圖標準樣式

（採自《全集 1》圖 84）

　　類似圖樣還見於安徽地區。如靈壁縣徵集的陽嘉三年（公元 134 年）祠堂後壁畫像。畫面分上下兩層。下層為車騎出行，上層圖繪正廳及廊房（圖 6）。男女主人在廳內相對而坐，身後有僕人陪侍。左廊沿廊道而下有三名男子跪伏持笏拜謁，相對右廊跪坐三名女性，第一女照鏡，第二女對鏡簪戴頭飾，第三女拱手。庭院內正表演建鼓舞。此幅構圖是將嘉祥地區祠堂正壁的雙層樓閣處理為對稱三角形，樓閣內物象的關係從下上遞進（實為前後遞進）轉化為左右並列，而表現的物象不變，仍以男子受拜謁，女子端坐和梳妝為重點，另外增加了庭院內樂舞的內容。

圖 6　靈壁縣陽嘉三年祠堂畫像，樓閣拜謁、梳妝、樂舞圖

（採自《中國畫像石全集 4》圖 177）

此外靈璧縣九頂鎮出土一件東漢畫像石，畫面上層表現爲樓閣，屋上、斗拱內有鳳鳥，屋簷下有鴻雁，是和山東祠堂類似的夢幻型樓宇。樓上一婦人佔據了樓內整個空間。她頭戴花冠，跽坐對鏡整理髮鬢，鏡子的綬帶平行飛起。衣袖下地面上置一圓形奩盒。〔註11〕

在內寢之中，正面端坐戴花冠的女性爲中心人物，多數情況只出現一名，唯宋山小祠堂正壁有三名女性端坐。端立女性左右各有數女，均呈側面造型。單從服飾來看，她們和正面女性沒有任何區別，將她們一概稱爲侍女不盡恰當。這些女子手中持有的物品包括碗、便面、三珠果，形似漆奩的盒子、銅鏡。鏡子、奩盒皆爲梳妝用具，三珠果爲長生之藥，可能還有駐顏之效。碗中可能盛水，用以淨手。除持銅鏡者外，其餘持物的女子都表現爲敬獻的姿勢，可以推測這類人物的身份爲侍女。持有鏡子的，一類是舉鏡到中心端立者面前，一類是攬鏡自照。在宋山3號小祠堂中除了照鏡的場景外，還有極爲生動的梳理長髮，對鏡插戴首飾的場景。攬鏡自照者、梳髮者應該是侍妾一類。雖然基於構圖的限制與東漢繪畫的習慣使然，畫面上這些女性只能緊貼樓閣的上層邊欄，但是可以肯定畫者力圖表現的這些人物其實處於室內不同的空間。

在「樓閣拜謁圖」中，下層中心男子正堂而皇之地接受諸多官員的拜謁，與之對應的另一半，女眷們卻表現爲頗具私人性質的照鏡梳妝。專屬女性深閨內闈的家內活動與展示男性公共空間的政治活動在祠堂畫像上並列，製作者的意圖，或許給了我們一個重新理解「樓閣拜謁圖」表象與深意的關鍵提示。

二、圖畫政治烏托邦

在中國古代人的社會生活中，用來照覽面影的鏡子具有非同尋常的地位。從漢代開始，它就是墓葬中最常見的隨葬品之一。出土的銅鏡一般置於屍身頭部位置，可見死者即使到了漆黑的墓中，依據死後如生的觀念，依舊需要攬鏡照面，整理衣冠。除了銅鏡實物，在巴蜀地區的成都、新都和重慶等地的漢代墓葬中，還出土了大量的持鏡俑。這些俑大多長袍及地，頭裏巾幘，一手將銅鏡抱在胸前。研究者多認爲這是女僕形象。持鏡女俑在墓中的出現，意味著隨時準備侍候主人梳洗。〔註12〕

〔註11〕 參見湯池主編：《中國畫像石全集4：江蘇、安徽、浙江漢畫像石》，濟南：山東美術出版社，2000年版，圖182。

〔註12〕 參見劉志遠：《成都天回山崖墓清理記》，《考古學報》1958年第1期，第98頁，圖版八-4；朱伯謙主編：《中國陶瓷全集3·秦、漢卷》，上海：上海人民美術出版社，2000年版，圖191、圖228。

　　除了立體塑像，在河南南陽地區的漢代畫像石中還常見持鏡和捧奩的女僕形象。如南陽市辛店公社英莊村漢畫像石墓，主室中門柱上刻一侍女正面端立，右手執銅鏡，下垂流蘇。〔註 13〕左右門柱是伏羲女媧，持鏡女站立在絕對中心的位置，鏡子的重要性在此得到特別的彰顯。南陽四里崗畫像石，畫面刻二侍女共捧一奩，右女左手還托舉著一個帶鏡的鏡臺。二人高髻寬袖，長裙曳地徐行，似乎正走向墓中的主人（圖 7）。此外在河南地區畫像石墓葬門柱上，侍女單獨站立雙手捧奩的圖像也時有發現，造型基本一致，即女子正面站立，雙手捧奩盒，這顯然也是梳妝前的準備。〔註 14〕

圖 7　南陽四里崗畫像石捧妝臺女子圖像

（採自《南陽漢畫早期拓片選集》圖 102）

〔註 13〕陳長山、魏仁華：《河南南陽英莊漢畫像石墓》，《中原文物》1983 年第 3 期，第 25～37 頁。

〔註 14〕參見南陽市博物館編：《南陽漢代畫像石刻》，上海：上海人民美術出版社，1981 年版，圖 21；長山、仁華：《鄧縣長家店漢畫像石墓》，《中原文物》1982 年第 1 期，第 17～23 頁，圖版六之 4、5；南陽市文物研究所：《河南南陽蒲山二號漢畫像石墓》，《中原文物》1997 年第 4 期，第 48～55 頁；蔣宏傑、赫玉建、劉小兵、鞠輝：《河南南陽陳棚漢代彩繪畫像石墓》，《考古學報》2007 年第 2 期，第 233～266 頁；《河南省鄧州市梁寨漢畫像石墓》，《中原文物》1996 年第 3 期，第 1～7 頁；《漢代畫像石全集 6．河南漢畫像石》，濟南：山東美術出版社，2000 年版，圖 120、125、199；南陽地區文物研究所、南陽漢畫館：《南陽漢畫早期拓片選集》，鄭州：中州古籍出版社，1993 年版，圖 109、118、119、143。

　　在四川，鏡子還被墓主一類的人物握在手中，這類畫像通常出現在崖墓的墓門。新津早年出土的兩塊墓門畫像，在賢儒趙掾的手裏，握著一面鏡子。曾家包漢墓 M2 墓門上的男女墓主，女性手中都舉著鏡子，而男性手握書卷。曾家包 M1 墓門西扇刻畫身形高大的女墓主，左手執鏡。東扇門下部殘缺，推測也是男性墓主捧書的形象。書卷與鏡子是四川兩座漢墓墓主夫婦的人生道具，他們分別用書籍和銅鏡來修飾人生。

　　漢代人大量採用銅鏡、奩具隨葬，墓葬中多有出現侍妝、照鏡畫面的原因，需要從銅鏡所具備的道德、觀念層面的意涵去追尋。

　　古人以鏡照面，並將覽形和觀心相提並論。《韓非子》云：「古之人，目短於自見，故以鏡觀面；智短於自知，故以道正己。鏡無見疵之罪，道無明過之惡。目失鏡，則無以正鬚眉。身失道，無以知迷惑。」這就強調鏡子可以幫助對鏡者自省，甚至將「照鏡」提高到與「正道」並舉的高度。漢代儒學家李尤在自己的銅鏡上題辭：「鑄銅爲鑒，整飾容顏。修爾法服，正爾衣冠」〔註15〕正衣冠是象徵的說法，意思是自省，保持良知和德行。「鑒」之一字爲象形字，正像人臨鏡自照。晉代傅咸在《鏡賦》中讚頌鏡子「不有心於好醜，而眾形其必詳；同實錄于良史，隨善惡而是彰」的美德後，亦強調對鏡的君子應該「內省而自箴」。在《漢書·谷樂傳》中，照鏡與考行結合，「願陛下追觀夏、周、秦所以失之，以鏡考己行。」顏師古注：「鏡謂監照之。」〔註16〕又荀悅《申鑒·雜言上》：「君子有三鑒，世人鏡鑒。前惟訓，人惟賢，鏡惟明……故君子惟鑒之務。若夫側景之鏡，亡鏡矣。」又「君子有三鑒：鑒乎古，鑒乎人，鑒乎鏡。」〔註17〕通過反思過去，反觀他人，審視自身，人們知道目前應該如何行事。

　　作爲更多爲女性日常使用的物品，鏡子對女性同樣具備鑒行的功能。蔡邕在《女誡》中指出：「夫心，猶首面也，是以甚致飾焉。面一旦不修飾，則塵垢穢之；心一朝不思善，則邪惡入之。」〔註18〕他認爲，女子對鏡梳妝，

〔註15〕陳夢雷等編：《古今圖書集成》卷798《考工典》，成都：巴蜀書社、北京：中華書局，1984～1988 年版，第 43 頁。

〔註16〕〔漢〕班固撰，〔唐〕顏師古注：《漢書》卷八十五《谷永傳》，北京：中華書局，1975 年版，第 3443～3471 頁。

〔註17〕〔唐〕虞世南撰，〔明〕陳禹謨補注：《北堂書鈔》卷一三六，商務印書館影印四庫全書本，第 136.3a（889-686b）頁。

〔註18〕〔漢〕蔡邕：《女誡》，《全後漢文》卷七十四，北京：商務印書館，1999 年版，第 756 頁。

一則爲去塵垢，更重要的意義在於潔心，將覽鏡觀面的行爲提升到思德觀心的高度。班昭在《女誡》一章中對婦行提出四項標準，包括德、言、容、功。所謂婦容，絲毫不涉及姿色、裝扮，而是需要「盥浣塵穢，服飾鮮潔，沐浴以時，身不垢辱。」潔淨樸素的容貌是美好德行的表現。蔡邕《女誡》中更有這樣一段文字，對女子裝飾容貌的細節舉動做了詳細的描述：

> 人咸知飾其面，而莫知修其心，惑矣。夫面之不飾，愚者謂之
> 醜；心之不修，賢者謂之惡。愚者謂之醜，猶可；賢者謂之惡，將
> 何容焉？故覽照拭面則思其心之潔也，傅脂則思其心之和也，加粉
> 則思其心之鮮也，澤髮則思其心之順也，用櫛則思其心之理也，立
> 髻則思其心之正也，攝鬢則思其心之整也。〔註19〕

在漢儒的內心期待中，女性攬鏡自照、傅脂施粉、膏髮櫛沐一系列實際的舉動，伴隨的都是內心的反思與自省。對鏡梳妝的整個過程，即是修身觀己思德的過程。

和現代人普遍持有的照鏡梳妝即爲修飾容貌，以色悅人的看法不同，在漢代，鏡子是女性德行的象徵，照鏡飾容是和道德自省同義的舉動。墓中出現的持鏡女俑、持鏡人物，都暗示社會對婦女修德的期待。梳妝的女性，實爲才德高妙的女性。而女性梳妝的圖像，實爲傳達道德觀念，具備倫理意義的鑒戒類列女圖像。

需要注意的是，雖然銅鏡和奩盒是古代男性也會使用的日常器具，梳妝同樣是男性，尤其是貴族男性的日常行爲，且同樣強調「道德鑒戒」的作用，但是在直觀的墓葬圖像，甚至包括傳世繪畫中，從來沒有男性對鏡，或由侍從陪侍妝奩的形象。可見在古代，銅鏡和奩盒更多具備的仍是陰性意涵，是女性性別的表徵。

山東沂南北寨出土的大型畫像石墓，後室是左右並列的兩個墓室，爲存放棺槨之處。兩室中間隔梁處有一斗拱使兩室得以溝通。按照漢代人視死如生的觀點，這裡是逝者的寢室。後室畫像雖然沒有明確的梳妝場景，但是可以和山東祠堂畫像中的樓閣拜謁圖對讀。

東室南部支撐過梁石畫像分上下兩格，邊欄爲三角形紋和象徵室內空間的垂帳紋。上格刻畫日常用具，包括奩具、食具、酒具。還有一只有翼的貓，面對著前方一隻老鼠。

〔註19〕〔漢〕蔡邕：《女誡》，《全後漢文》卷七十四，第756頁。

下格內容為梳妝備宴圖（圖 8）。三位頭上插滿花釵的女性站立，左側一人持長柄鏡臺，居中者捧奩具，右者手持拂塵或幢類物。舉鏡臺的女子腳下放著一方一圓兩個奩盒。此外地面還散置鼎、案、几，案上有系列食具。

圖 8　沂南漢墓後室靠南壁承過梁的隔牆東面，梳妝備宴圖

（採自《沂南古畫像石墓發掘報告》圖版 77）

相應西室南部也分上下格。上格是武庫，陳列著三排兵器架，架上有棨戟、刀劍、矛、戈、盾牌、箭筒等武器。下格內容似乎是備馬侍宴圖。畫面左端是一兵器架，上插矛，一侍者捧方盒左向欲行。右側一侍右手持便面，左手執馬轡，正在備馬。兩人前方放著兩壺一奩和一個高足燈。在北部過梁

石上，有衣服架子、衣服、几、几上的兩雙鞋。〔註20〕

　　東室埋葬的是女性死者，壁上所有物象都暗示了即將進行的閨閣之內的梳妝和飲宴活動。西室埋葬的是男主人，畫像包括武器、馬匹，象徵貴族男性所崇尚的武力和高貴身份。擁用並享用這一切的，當然是棺槨裏的男女主人。回看山東祠堂正壁的樓閣拜謁圖，其上層正面端坐的女性正被侍候梳妝、飲食，在沂南墓中表現爲女婢持鏡奉奩，和地上散置的飲食器具。其下層側面跽坐男性被持笏的官員簇擁拜謁，院外有車馬出行，在沂南墓中表現爲侍者備馬侍宴，和靜置一旁的兵器庫。

　　同樣爲東漢中晚期，在江蘇和安徽的祠堂正壁還有另一類樓閣圖像〔註21〕，可與嘉祥祠堂畫像並論。除了畫面更爲龐雜，物象更加充實外，其巍峨壯觀的樓閣廳堂，男主人接受拜謁，樓閣上方的祥禽瑞獸都是相同的元素。有趣的是，與嘉祥地區祠堂女眷們忙於梳妝不同，此處的女性正在從事忙碌的紡織活動。

　　江蘇徐州洪樓祠堂左後壁，畫面分上下兩層（圖9）。下層中心部位表現爲正在進行樂舞百戲表演的庭院。畫右一屋，屋內男性賓主正在觀看百戲，跽坐之人皆爲戴冠著袍的貴族男子。與此相對，畫左也是一屋，屋內三女正在從事紡織活動。右邊一人調絲，中間一人絡緯，左面一人坐在織機上準備織布。屋簷下懸掛著纏滿絲線的籆子。

圖9　銅山縣洪樓祠堂正壁畫像：紡織、拜謁、伎樂

（採自《中國畫像石全集4》圖46）

〔註20〕參見曾昭燏、蔣寶庚、黎忠義：《沂南古畫像石墓發掘報告》，第29頁。
〔註21〕有論者認爲這是祠主受祭圖，參見前揭《中國畫像石全集4》，第5頁。

安徽宿縣褚蘭建寧四年（公元 171 年）胡元壬墓祠堂後壁上，前述洪樓祠堂後壁畫像中的兩座建築被合刻在一起，成了一座豪華的雙層樓閣（圖10）。樓閣上層，主人正在舉行宴會。賓客皆恭謹面對主人，房外有僕役聽候使喚。下層空間內三名婦女正在紡織。左者坐絡車旁，手中轉動著籰調絲。右者在專心搖緯。中間坐在織機上的婦女抱著嬰兒逗樂。〔註22〕

圖 10　安徽宿縣褚蘭胡元壬墓祠堂正壁畫像局部

（採自《中國畫像石全集 4》圖 155）

胡元壬祠堂旁邊的熹平三年（公元 174 年）鄧季皇祠，祠堂正壁圖像中央也有一座大型樓閣。〔註23〕樓上兩男對飲，兩側有人物拜謁。樓下梯形空間內是紡織場景：中間一殘斷織機和紡織女性。右端樓梯下一女跽坐絡車旁絡緯。左梯下一女紡線，一小兒伏拜。

三座祠堂在陳秀慧的研究中被統稱爲褚蘭樣式。〔註24〕畫像的布局雖然

〔註22〕陳秀慧認爲類似圖像是《列女傳》中梁高行故事，但是沒有提出任何可信的
　　　　證據。參見陳秀慧：《滕州祠堂畫像石空間配置復原及其地域子傳統（下）》，
　　　　朱青生主編：《中國漢畫研究》第 4 卷（桂林：廣西師範大學出版社，2011
　　　　年版），第 197～358 頁。
〔註23〕參見前揭《中國畫像石全集 4》圖 172。
〔註24〕陳秀慧：《滕州祠堂畫像石空間配置復原及其地域子傳統（上）》，朱青生主編：

稍有差異，但是都可以歸納出男性宴飲、女性紡織、布滿祥瑞的樓閣、樂舞百戲等場景內容。此外，徐州還有單獨發現的類似風格的祠堂後壁畫像石。畫像分三層，第二層為雙層樓閣圖，是褚蘭祠堂的倒 V 字型結構。上層畫像為正廳與左、右廂內的賓主宴飲，樓下為婦女紡織。最下層凸字形墓碑左端為建鼓樂舞百戲圖像，右端為拜謁圖像。〔註25〕

從地緣看，徐州與褚蘭接近，在漢代都位於彭城國的轄區內，極有可能是同一個工匠集團流動的範圍，所以才會出現風格與構圖如出一轍的作品。祠堂正壁的女性紡織場景往往處於醒目的位置，畫面寫實，充滿生活情趣，與男主人拜謁宴飲活動呼應。嘉祥地區祠堂正壁的雙層樓閣在徐州祠堂畫像上被安排為並列對稱的兩座房屋。兩個地區女眷的活動，一為梳妝，一為紡織，同樣是具有象徵意義的表現婦德婦行的活動。〔註26〕此外，山東還偶見另一種樓閣內紡織的樣式。在滕州龍陽店出土祠堂畫像中〔註27〕，畫面中部為樓閣拜謁，左側安排群女紡織，右側為象徵男性權利與力量的武庫圖像。在這裡，紡織畫像的陰性含義更為彰顯。

不同於「葬者，藏也」，「閉壙之後永不發」的墓葬畫像，祠堂圖像面臨的是「眾生之眼」，其可能的觀者除了參加葬禮的親友、鄉鄰，還包括更加廣泛的社會人群。鄭岩曾引用安國祠堂題記的最後一段話來分析祠堂「不僅是孝子與其故去的親人進行心靈對話的場所，而且也可以為其他人所看到。這些觀者有的被設想為從外遠道而來的路人，有的是當地不同年齡的居民。」〔註28〕在祠堂製作者，尤其是決定祠堂圖像構成的出資人心目中，祠堂畫像的觀

《中國漢畫研究》第 3 卷，（桂林：廣西師範大學出版社，2010 年版），第 283頁。

〔註25〕陳秀慧：《滕州祠堂畫像石空間配置復原及其地域子傳統（上）》，第 283 頁。

〔註26〕漢畫中操作織機的婦女往往並非下層勞動婦女，紡織圖像也並非展現地主莊園的豪華奢侈，或者某些學者提出的對勞動人民的盤剝，其實是彰顯婦德婦功的圖像。這些圖像中的女性既可以是慈愛母儀的鄒孟軻母、魯季敬姜，賢德明慧的宋鮑女宗、楚接輿妻，貞節順從的楚白貞姬、魯寡陶嬰、陳寡孝婦，也可以是斷織勸夫的樂羊子妻，織履養子的翟方進母，她們同為社會理想化、概念化的女性典範。關於漢代墓葬圖像中紡織題材的道德意涵及相關問題的討論，參見陳長虹：《紡織題材圖像與婦功——漢代列女圖像考之一》，《考古與文物》2014 年 1 期，第 53～69 頁。

〔註27〕參見前揭《中國畫像石全集 2》圖 163。

〔註28〕鄭岩：《視覺的盛宴——「朱鮪石室」再觀察》，《臺灣大學美術史研究集刊》41 期，2016 年版，第 99 頁。

看者是他們「期望畫像被觀看」的人。作爲一座面向公眾的開放性「禮堂」的一部分，祠堂上的圖像更具「即視感」與「在場感」，類似一幅現代意義上的宣傳畫，宣示著製作者內心的某種願望，既欲爲不同階層的「他人」所知，又欲與周遭同階層的人群共享。

在祠堂正壁最易爲觀者「正眼」所目睹的「樓閣拜謁圖」中，人們居住在華麗的樓居內，男子身居高位接受眾多下級官員的拜見，他的有著高尚德行的妻妾聚於後寢，或對鏡修容飾性，或忙於紡織勞作。庭院內有各種天界祥瑞環拱嬉戲，有巨大的連理樹，有象徵子孫繁衍的射鳥場景。〔註29〕庭院內外有高車駟馬，這同樣是身份和地位的象徵。諸種紛繁的物象中，女性的閨閣世界是容易被我們忽略的，但是她們確實不容否認地佔據了這棟公共建築的一半。這一半所代表的女性家內空間與拜謁、車馬、武庫等暗示的男性政治空間共構一個共同的生活秩序。在這個秩序中，家庭與國家相遇，私人與公共道德相交，達成了一個理想的和諧狀態。在這個意義上，我們與其去推論判定樓閣中心人物的具體所指，不如去傾聽圖像的言說，它陳述的其實就是一個夢想，一個家國一體的政治烏托邦。這種相對固定且在多個地區反覆使用的圖像和死者及其家人不存在直接對應的關聯。內中人物均爲模型化的人物。造祠者的個人意願、工匠的主觀意志可能對其中細節產生影響，然而總體格局不變。這種圖樣範式被工匠在作坊裏依樣生產，在不同的祠堂反覆使用，和後世祠堂內張掛模式化的祖影像，年節時廚房內貼財神爺、灶王爺一個道理。而一旦從這個角度回看，山東地區大量祠堂正壁樓閣畫像其實都可以做類似解讀。較有代表性的如微山兩城永和小祠堂後壁畫像（圖11），在祥瑞簇擁的樓閣內，男女正面端坐。女性旁有女侍拱手，男性旁有官員拜謁。這是前述「樓閣拜謁圖」的省減樣式。雖然在其中男性被賦予更寬大的身量，更多的侍者，更正中的位置，似乎代表著他的身份地位更爲尊崇，但是以相同坐姿呈現在同一空間的男女，畢竟達成了「內／外」、「陰／陽」調適的一元秩序。

〔註29〕 在《寫實與虛構——漢畫「射鳥」圖像意義再探》一文中，筆者對圖像中的射鳥場景進行了分析，認爲此類圖像具有祈求子孫繁衍的意義。陳長虹：《寫實與虛構——漢畫「射鳥」圖像意義再探》，《南方民族考古》第九輯，北京：科學出版社，2013年版，第113～147頁。

圖 11　微山兩城永和小祠堂後壁畫像

（採自《中國畫像石全集 1》圖 31）

　　高彥頤在《閨塾師》裏談論明代後期的女性生活時有這樣一段分析陳述：「早期的觀點一度將男性政治空間和女性家內空間視爲兩個隔絕的區域，但近幾十年來的研究更傾向於認爲，這種絕對的隔絕更像是一種父權制的理想，而非眞實的社會現實。事實上，古代精緻的閨閣世界……與男性主導的公眾世界之間，並不像舟與海那樣是異質的，相反，他們往往是異形而同質的，是可以延伸而轉換的。在同一階層之間，甚至是同謀的關係。」〔註 30〕具體到上述論證，幾乎可以爲這段話提供一個完美的來自中國更古時期圖像方面的證據。漢代祠堂畫像上女性所體現的「婦道」（婦容與婦功），或正說明東漢社會儒家理念與實際生活與行爲層面的張力。在「男女有別」的社會規範下，婦道不僅是實現家庭成員之間互惠互助而達致和諧的途徑，更是男性實現其「修身齊家治國平天下」的政治抱負的必備條件。如果考慮到漢代女性在整個歷史時期具有相對較高的社會地位，我們或許可以進一步估測，她們並不是疏離於男性主宰的「家國」生活的旁觀者，而是通過其自身的行爲與「德行」，共享了這一政治烏托邦。

〔註 30〕　〔美〕高彥頤著，李志生譯：《閨塾師：明末清初江南的才女文化》，南京：
　　　　　江蘇人民出版社，2005 年版，第 28 頁。

宋代郭若虛觀先秦兩漢圖畫中的婦人，「有威重儼然之色，使人見則肅恭有歸仰之心。」〔註31〕漢代墓葬中的梳妝圖像作為一種道德表徵，和兩漢人物畫以倫理鑒戒為目的的本質特徵是相符的。〔註32〕在現實生活中，梳妝作為一種凸顯性別含義的活動，千載以下為萬千女性重複於閨房。暫時撇開較少在墓葬圖像中表達這種細節的唐代，我們將目光轉向宋朝。如果說在漢代墓葬中，梳妝圖像、侍妝女僕、隨葬銅鏡、奩具的組合為女性構築了一個充滿倫理道德意義的世界，那麼在宋墓裝飾中，這些相同內容的不同呈現，帶給我們的則是相較前代更為複雜的面貌與精神樣態。

三、閨閣秩序、道德與情色迷思

從表面上看，宋代仿木結構磚雕墓和東漢畫像墓中裝飾一樣，可納入梳妝活動考慮的，包括侍妝的婢女和待妝的女主人，正在梳妝的青年女性，和作為家居陳設的鏡子、鏡架、奩匣等。它們在圖像中的呈現雖然遠較漢代明晰，但是同樣不被視為獨立的題材。女主人是墓主夫婦圖像的組成部分，隨侍一旁的捧妝具侍女是其不值一提的配角；鏡架、奩具作為居家陳設，只是仿木結構磚雕墓中體現自然主義的家內空間的一類並非必須出現的道具；梳妝的女性雖然可以「梳妝圖」加以框定，但是由於其出現的頻率遠遠不及啓門、散樂雜劇、墓主夫婦像等，也從未吸引過研究者的目光。

（一）待妝的女主人

作為延續數千年的喪葬藝術主題，墓主畫像自漢魏以來一直在墓室裝飾中佔有重要地位，在唐代卻幾近消失，而到了宋代又重新在北方中原地區以「一桌二椅」的模式流行起來，並逐漸形成所謂「開芳宴」主題。關於這一主題，自從宿白先生在《白沙宋墓》一書中提出後，近年來討論很多。最近頗值得注意的成果，是李清泉的研究。他認為，墓主夫婦像是為當時極度流行的夫婦合葬墓而專門設計的一套墓葬裝飾方案。作為「永為供養」的對象，反映了因當時地上影堂影響而導致墓葬裝飾的享堂化趨向，蘊含和寄託著正

〔註31〕米田水譯注：《圖畫見聞志·畫繼》，長沙：湖南美術出版社，2000 年版，第7 頁。

〔註32〕陳衡恪在著名的《中國人物畫之變遷》的演講中，將人物畫的發展依其性質的變遷截為三段，首段為三代至兩漢的「倫理的人物畫」，次為六朝隋唐的「宗教的人物畫」，末為宋以後的「賞玩的人物畫」。在今天看來，這個宏觀的分析依然大致有效。

處於上升階段的廣大士庶階層在一個新的社會轉型時期，爲了己身利益和後世幸福而向祖靈發出的深切祈求。〔註33〕

值得注意的是，墓主夫婦像在繼承漢代墓主夫婦像傳統的同時，也繼承了對女性墓主的性別身份建構的方式。在夫婦對坐圖中，能看到待妝的女主人形象。

河南禹縣元符二年（公元1099年）白沙1號宋墓，前室西壁墓主夫婦像，桌右女性墓主身後站立兩名女子，其後一名執巾，前一名手中所捧物被宿白先生描述爲「絳色圓盒」（圖12）。〔註34〕這個圓盒同樣出現在後室西南壁「梳妝圖」中最左邊的侍女手上，這是一個奩盒（圖13）。很難想像在現實生活中，當夫婦共坐觀看雜劇或飲宴時，梳妝有必要進行。即使眞有必要，女主人也會避入後室而不是在充斥著僕人、雜劇演員等男性外部成員的相對開放的場合下進行。因此，奩盒在這裡的出現並不具備實用性。這是一個符號性的物品，是女主人的人生道具。

圖12　白沙宋墓前室西壁墓主夫婦像

（採自《白沙宋墓》圖版伍）

〔註33〕李清泉：《「一堂家慶」的新意象——宋金時期的墓主夫婦像與唐宋時期的墓葬風氣之變》，《美術學報》2013年第2期，第18頁。
〔註34〕宿白：《白沙宋墓》，北京：文物出版社，1957年版，第38頁。

圖 13　白沙宋墓後室西南壁梳妝圖

（採自《白沙宋墓》圖版陸）

　　登封箭溝壁畫墓，八邊形墓室中六邊壁面有壁畫，銅鏡出現了三次。〔註35〕西壁墓主夫婦圖，坐在椅上的是一對身量高大的老年夫妻。老婦人身前兩名侍女，其左一名手裏握著銅鏡；西北壁「備侍圖」，四女站立，一奉茶碗，一捧鏡於胸，一持巾。東北壁「備洗圖」，垂帳下有搭著巾子的高衣架與盆架。衣架前二女梳高髻，一捧鏡，一捧包裹。除此之外，墓室中還有「侍奉圖」、「家宴圖」和「伎樂圖」。這個「家庭」的成員除了老年墓主，一名中年官員和一名少年外，其餘都是女性成員。高頻率出現的銅鏡暗示弄妝梳洗對這個家庭非同一般的重要性。

　　四川宋墓中也常見待妝的女主人。這個區域出土的南宋石室墓和中原地區表現出不盡相同的圖像程序與製作風格。往往是夫妻雙人單室。墓室後龕一般有高浮雕墓主人坐像，或代表主人之「位」的椅子和屏風，「座位」後通常有侍從相伴。女性墓主的侍從手裏或舉銅鏡，或奩盒，或食盒。男性墓主的隨侍或行叉手禮，或舉書卷，或捧官帽。物品在四川宋墓裝飾中有著再明確不過的象徵意義。如資中大包山宋墓群，其中 M5 為女性墓主。〔註36〕坐像

〔註35〕鄭州市文物考古研究所：《鄭州宋金壁畫墓》，北京：科學出版社，2005 年版，第 136～153 頁。

〔註36〕四川省文物考古研究院、資中縣文物管理所：《四川資中縣大包山宋墓發掘簡報》，《四川文物》2013 年 1 期，第 16～27 頁。

表現爲正面端坐，高髮髻，著對襟袍衣，雙手握書卷。兩側線刻女性侍從，右者手握菱花鏡，左者捧盞（圖14）。彭山雙江鎮虞公著夫婦合葬墓，西室葬虞公著妻留氏。棺室後壁的壁龕外刻二侍女，手中分別托銅鏡和奩盒〔註37〕。再如瀘縣灘上村 1、3、5 號墓，雖然正面龕中扶手椅上均無人像，墓室內也沒有人骨出土，但是由於椅子兩側都有捧奩盒的侍女陪侍，可以推知其墓主必然是女性。此外瀘縣還有一批具體位置不清楚，表現爲侍女捧奩或銅鏡的石刻，可以證明所處墓葬墓主的女性身份。如奇峰鎮 1 號墓子山土：一侍女手捧鏡架圖；福集鎮龍興村 1 號墓山土：一女侍站立於單扇門外，手執一枚帶柄方形銅鏡；牛灘鎮壽尊村山土：石刻畫框內兩扇門，一扇緊閉，一扇微啓，一雙手捧奩盒的侍女站立門邊；福集鎮針織廠二號墓，畫框上方和兩側有垂帳。中間一侍女正面站立，右手抱奩盒，左手執巾。〔註38〕

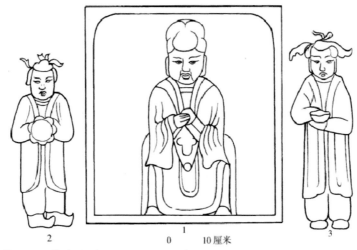

圖 14　資中大包山 M5 女性墓主及左右侍從石刻線描圖

（採自《四川資中縣大包山宋墓發掘簡報》圖 20）

在南宋王朝統治的腹心區域，裝飾性墓葬相對少見，我們很難看到這一區域的人們在墓葬中對女性的圖繪方式。但是揚州出土的一塊「宋故邵府君夫人王氏之像」石刻〔註39〕，又讓我們對這一缺席有了切實的想像對象（圖

〔註37〕 四川省文物管理委員會、彭山縣文化館：《南宋虞公著夫婦合葬墓》，《考古學報》1985 年 3 期，第 383～401 頁。

〔註38〕 參見四川省文物考古研究所等編著：《瀘縣宋墓》，北京：文物出版社，2004年版，第 86、149～152 頁。

〔註39〕 吳雨窗：《揚州出土的宋代石刻線畫》，《文物參考資料》1958 年 5 期，第 43 頁。

15）。該石刻畫面共三人：王氏袖手端坐椅中，其右一女捧唾盂，身後一女捧大銅鏡。圖中人物的服飾，主人所坐高足椅及八分側坐的坐姿，其身後侍從的姿勢與手中物品都和北宋兩京地區墓葬裝飾中的墓主人像如出一轍。

宋以前肖像畫石刻並不多見。元代倪瓚在見到米芾遺像之後寫下了一詩：「米宮遺像刻堅瑉，猶在荒城野水濱。絕歎莓苔迷慘淡，細看風骨尚嶙峋。山中仙冢芝應長，海內清詩語最新。地僻無人打碑賣，每懷英爽一傷神」。從詩中看，米芾的石刻遺像就立在他的墓邊，三百餘年後為倪瓚所見時雖已破敗，其上人物依舊骨氣揚厲。揚州的這塊石刻未知具體出處，「邵府君」也未知何人，但其出土至少說明長江流域下游的南宋人在為貴婦畫肖像畫時，和北方兩京以及四川地區墓葬裝飾的處理一樣，亦有用侍女捧鏡隨侍的方式。

圖 15　揚州出土的「宋故邵府君夫人王氏之像」石刻
（採自《揚州出土的宋代石刻線畫》43 頁）

　　山西金代仿木結構磚雕墓繼承了北宋的墓主夫婦像和大致的墓室布局，但是發展爲視覺上更加繁複華麗，構圖高度程序化的樣式。〔註40〕宋墓中大量表現人物活動的敘事性場景，對物象細膩生動的細節刻畫都不再是金墓裝飾的內容，而代之以各種具有吉祥意義的裝飾圖案，這些圖案甚至取代了夫婦對坐圖中桌上或許具有祭祀和供奉意義的果酒茶盞。這一切似乎都在提醒我們，金代墓葬裝飾中的圖像呈現和現實生活中的家庭的距離已經較宋代遠，或許眞的就是李清泉所謂的「夫妻合葬墓」的一套裝飾方案。即便如此，在這套方案中，女主人身後身量驟然矮小的侍女依然隨侍，其手裏依然捧著那面「從來不曾被使用」的厚重銅鏡。

　　稷山馬村 2 號墓北壁墓主夫婦像，桌上有瓜果、碗、壺，桌下有壇。面部與姿勢均顯蒼老的女主人坐於帶足榻的椅子上，梳垂雙鬟的侍女緊靠其身側，手握銅鏡，紐帶下垂（圖16）。明昌七年（公元 1196 年）侯馬董海墓後室北壁，上有簾，懸紅紗燈籠，雙魚和桃枝。簾下桌上有碗、湯勺，桌下二壇。桌旁中年的墓主夫婦對座，女主人身後一侍女立足榻上，手捧銅鏡。

圖 16　山西平陽馬村 2 號金墓墓主夫婦宴飲圖

（採自《平陽金墓磚雕》圖 87）

〔註40〕參見山西省考古研究所：《平陽金墓磚雕》，太原：山西人民出版社，1999 年版，第 8～11 頁。

　　如果前兩者還留存一些宋人寫實的痕跡，後面這兩座年代更晚的金代墓室就幾乎完全圖案與裝飾化了。金大安二年（公元1210年）侯馬董明墓，墓室正面雕堂屋三間，明間是中堂，中設大幾，上置一叢牡丹花。左右雕刻墓主夫婦像。二人頭上懸荷葉、蓮花、繡球等物。老年的女主人手握經卷，一女侍隔一大型立屏隨侍一旁，手捧菱花鏡。侯馬65H4M102墓室北壁，夫婦端坐。女主人身側女侍持鏡，手撫長帶（圖17）。除了人物保留了下來，北宋構圖中的寫實性的對象在這座墓中已經完全消失。樸素的方桌代之以玲瓏的曲腳花几，案上果酒食具和案下酒罈代之以華麗的花卉圖案，人物上方的垂幔和幔間掛飾代之以高浮雕的大叢牡丹花。

圖17　侯馬65H4M102墓主夫婦像

（採自《平陽金墓磚雕》圖91）

　　在墓主夫婦像缺席的墓葬裝飾中，也出現了侍妝的婢女形象。如焦作白莊北宋晚期墓後室東北壁左側下部手捧圓形奩盒的侍女，〔註41〕嘉祐五年（公元1061年）江蘇淮安1號墓西壁分別捧圓鏡和奩盒的二侍女，〔註42〕陝西洋

〔註41〕焦作市文物工作隊：《河南焦作白莊宋代壁畫墓發掘簡報》，《文博》2009年第1期，第18～23頁。

〔註42〕江蘇省文物管理委員會、南京博物院：《江蘇淮安宋代壁畫墓》，《文物》1960年第9期，第43～45頁。

縣南宋彭杲夫婦墓中執鏡子、卷軸、印綬等物的侍女雕磚，〔註 43〕禹州市坡街金代壁畫墓北壁格子門兩側一捧奩，一捧唾盂的中年侍女，〔註 44〕等等。這些有捧奩侍女出現的墓葬，幾乎無一例外都是夫妻合葬墓。

　　此外寧夏西吉縣北宋晚期磚雕墓中有「雙人梳妝侍女磚雕」。〔註45〕（圖18）畫面中兩名女侍並肩正面站立，左女捧奩盒於胸前，右女雙手抱一長柄銅鏡。同墓還有雙人男侍磚雕，侍者手中擎著鳥籠，似乎暗示著男性墓主的逸樂生活。

圖 18　寧夏西吉縣宋代磚雕墓雙人侍女磚雕

（採自《寧夏西吉縣宋代磚雕墓發掘簡報》圖八：1）

〔註43〕李燁、周宗慶：《陝西洋縣南宋彭杲夫婦墓》，《文物》2007 年第 8 期，第 65～70 頁。

〔註44〕河南省文物研究所、禹州市文管會：《禹州市坡街宋壁畫墓清理簡報》，《中原文物》1990 年第 4 期，第 102～108 頁。

〔註45〕耿志強、郭曉紅、楊明：《寧夏西吉縣宋代磚雕墓發掘簡報》，《考古與文物》2009 年第 1 期，第 3～13 頁。

　　宋金墓葬中，以墓主人身份出現的女性都表現為超過中年以上的年齡，雖然常常有侍女捧銅鏡或奩盒陪侍，卻不表現出梳妝的舉動，梳妝用具在這裡是對高貴女主人性別、身份和德行的暗示。這種圖像上承漢代梳妝類圖像母題的倫理鑒戒意義，其型塑的女性和東漢祠堂樓閣二層上的諸女一樣，同樣也是一個性別符號。四川地區南宋墓中石刻的墓主人由於單獨出現而通常表現為偶像似的全正面。北宋與金代對坐的夫婦雖然多為八分側面，但是夫妻二人不論眼神還是行為都不表現出交流，其身份地位的暗示性與全正面坐姿並無區別。明代周履靖在《天形道貌》中談論民間畫人物象，「正像則七分、六分、四分，乃為時常之用者，其背像用之亦少。惟畫神佛，欲其威儀莊嚴，尊重虔敬之理，故多用正像，蓋取其端嚴之意，故也。」〔註46〕

　　歷史學者的研究傾向於認為，中國古代的家族制度構成了一種無間的、一元的社會秩序，以家庭為中心，以王治為疆域。「內外有別」的「別」的原則傾向於強調，道德的自主性與權威都集中體現在家內妻子和母親身上，它們又是丈夫或兒子在外取得成功所必須依賴的。宋金墓葬裝飾中呈現的女性墓主在正廳中如同泥塑一般端儼危坐，莊重、沉默、絕對靜止，這是現實生活中一個家族的女主人的鏡像，是一位同時具備了各種德行的理想女性，一個核心家庭的守護神，最具權威的母親。

　　但是，妝奩並不僅僅屬於代表權力和道德的女主人。宋金墓葬裝飾中，還有大量的女性活動在家內不同的空間中。在帷幔營造的軟玉溫香的閨房裏，同時還發生著另一場梳妝活動。在那裡，對鏡女性穿著華麗，身姿妖嬈，或撫髮，或理鬢，或戴飾，她同時定格了時空與情狀。如果正廳中端坐的女性墓主是外向的，審視與研判「觀者」的，她則全然沉浸在自賞的世界中，是被觀看者。

（二）梳妝的女郎

　　河南新密平陌大觀二年（公元 1108 年）壁畫墓，墓室平面呈八角形，安排了兩幅梳妝圖。〔註47〕西南壁一女側坐案邊對鏡戴冠，鏡中映出她的面容（圖19）。女子鵝蛋臉，柳葉眉，朱唇微抿，蘭指春蔥；與之對應，東北壁一

〔註46〕〔明〕周履靖：《天形道貌》，轉引自楊新：《肖像畫與相術》，《故宮博物院院刊》2005 年第 6 期，第 94 頁。

〔註47〕鄭州市文物考古研究所、新密市博物館：《河南新密市平陌宋代壁畫墓》，《文物》1998 年第 12 期，第 26～32 頁。

女坐於案側梳髮。一絡青絲自頸後繞於胸前，她左手握髮，右手持梳，梳子落在細碎的髮絲上，一名侍女站立身後服侍她。該墓另四幅壁畫分別是家居圖，備宴圖，書寫圖和閱讀圖。書寫和閱讀分別表現的是閨房空間內，一女寫字，一女閱讀書卷。備宴圖中有四名女性正忙於廚房勞作。家居圖即夫婦對坐圖，表現一對老年夫妻在桌邊對坐，一對青年男女侍立。姑且不論壁畫中人物的具體身份〔註48〕，我們可以確認的是，這套壁畫表現的包括廳堂、廚房和閨房在內的空間是一個純然的家庭空間。這個空間裏除了兩名男性，其餘活動的都是女性。閨房佔據了其中三分之二，仕女們舉止優雅，梳妝、閱讀、書寫等活動則表明了她們才色兼具。據伊沛霞的研究，宋代社會並不否認女性的才華。實際上，由於需要承擔對家中男孩與女孩的教育，宋代對女子讀書識字的要求比前代更有所增加〔註49〕。

圖 19　新密平陌宋代壁畫墓西南壁梳妝圖局部

（採自《鄭州宋金壁畫墓》圖 55，頁 44）

〔註48〕比如家居圖中四人是否爲父子婆媳關係？其中年輕女子與其他圖中的青年女性子爲同一人？閨房中的女性的身份爲婢妾嗎？是老年男人還是其子的妾？對宋墓裝飾中「家庭」人員成分的分析留待另文討論。

〔註49〕伊沛霞著，胡志宏譯：《內闈：宋代婦女的婚姻與生活》，南京：江蘇人民出版社，2010 年版，第 234 頁。

　　白沙 M1 後室西南壁梳妝圖中共出現了五名女性。一女捧奩盒，一女捧妝具，一女奉茶盞。一女臨鏡戴冠，一女右手前伸似正呵斥捧奩女。眾女身後，還有杌子，巾與巾架，鹽盆與盆架。從場景可見這同樣也是一間女性閨房。宿白先生在《白沙宋墓》中對壁畫中名物考論甚詳，但將此圖命名為「侍女梳妝圖」並不妥當。其中捧盒、托盤、奉梳妝具的三名梳髻女子為侍女，頭戴白團冠正在梳妝和斥人的女性顯然地位更高，可能為妾。

　　和前述平陌壁畫類似，白沙 M1 壁畫中的主要人物也是女性。除了前述墓主夫婦圖和梳妝圖，有人物活動的還包括女樂、啟門婦人和貢納財物圖。後者描繪帷幔暗示的室內空間，貢納財物的是兩名男子，接受財物的卻是兩名婦女。在這個「家庭」中，「墓主」是唯一的男性成員，其餘空間充斥著女性，她們不但可以和外部世界的男子見面，並且管理著家中的財務。

　　登封城南莊宋墓留下了至今最令人過目難忘的梳妝圖像（圖 20）。西南壁青黃相間的橫帳下，兩仕女立於磚砌盆架一側。左女梳高髻，著紅襦，仰首注視女伴。〔註 50〕右女低眉凝目水盆，輕舒右腕，纖指微撚髮鬢，似以水為鏡，整理花容。二女蹙首娥眉，眼波流轉，即使畫面在地底歷經千年已斑駁漫漶，其圖像優良的美學品質仍然足以讓今時的觀者動容。

圖 20　登封宋墓墓室下部西南壁梳妝圖局部

（採自《鄭州宋金壁畫墓》，122 頁，圖一五四）

〔註50〕鄭州市文物考古研究所、登封市文物局：《河南登封黑山溝宋代壁畫墓》，《文物》2001 年第 10 期，第 60～66 頁。

　　此幅相對的東北壁另繪一無人的閨房空間。相同的青黃橫帳下砌一鏡
架，架上空懸一鏡。此外，該墓西壁宴飲圖中有一桌二椅，唯左邊椅上坐著
姿態端莊的中年貴婦人。中部壁畫爲八幅嬰戲圖，均爲嬰兒與牡丹的組合。
簡報稱「墓室被擾，骨架腐朽嚴重，性別不詳」。從壁面呈現的活動人物全是
女性，且宴飲圖中男性缺席，以及中部大量的嬰戲圖，我們可以推測城南莊
墓是單人葬，且墓主是女性。

　　滎陽槐西墓東壁下部梳妝圖分兩部分，左半幅繪閨房家居與陳設，包括
直尺、交股剪、熨斗等專用於女紅的工具；右半幅繪二女梳妝（圖 21）。地面
立一紅色鏡架，架上懸圓鏡。鏡架左邊女子微微俯首對鏡理鬢，右邊女子雙
手合於胸前，扭身回眸視鏡。〔註 51〕物象空隙間點綴赭紅色小碎花，爲閨房
與美人平添視覺上的華麗，有「落花人立，雨燕雙飛」之感。

圖 21　滎陽槐西墓室東北壁下南半部，梳妝圖
（採自《滎陽槐西壁畫墓發掘簡報》彩版一：1）

〔註 51〕鄭州市文物考古研究院、滎陽市文物保護管理所：《滎陽槐西壁畫墓發掘簡
　　　　報》，《中原文物》2008 年第 5 期，第 21～25 頁。

　　此外北壁還出現了捧奩的侍女。簡報言其所在畫面為「備宴圖」，其實包括備宴、半啓門、侍妝（或侍寢）三個部分。右部分二女，左女端黃色唾盂，右女托一奩盒。整個空間點綴紅色的牡丹花。該墓壁畫還包括居家圖、出行圖、梳洗圖。除了居家圖表現的老年夫妻共坐，和墓室南壁入口處繪一男子牽馬欲行外，整個壁面下部裝飾亦均為女性和女性空間。

　　再如河北武邑龍店村 2 號墓〔註52〕，西壁具備剪刀、熨斗、衣櫃的閨房空間內，一女對鏡梳妝。河南上蔡宋墓，左壁磚雕一中年婦女懷抱一小兒站在方桌旁。桌上有鏡臺，小兒面向掛在鏡臺上的銅鏡作嬉戲狀，鏡中浮現出小兒的面影〔註53〕。

　　金代仿木結構磚雕墓中幾乎沒有宋代墓葬中近乎自然主義的寫實描繪，也很難再看到類似北宋的梳妝場景。唯有焦作承安四年（公元 1199 年）鄒瑍墓，是宋、金少見的畫像石墓〔註54〕。據墓室北壁題刻，可知為天水郡秦氏為亡夫鄒瑍建墓。出土畫像石二十三塊，其中有所謂「侍女圖畫像」，線刻人物七個。中央一貴婦端坐椅上，周圍有侍女六人，身後二人一抱銅鏡，一捧奩盒。身前四人，雙手捧果盒，兩女先行，兩女後隨。從構圖來看，此幅類似墓主像。然而該墓畫像石還包括散樂圖，其相對牆壁的圖像刻畫為兩椅兩桌，桌上置果肴食具，椅上無人，各有男女侍者，方為我們熟悉的墓主夫婦位。可見貴婦人就不太可能是女性墓主了，只能是家中成員，或為婢妾。她頭戴花冠，右腿斜置椅上，坐姿是不夠雅馴的。有趣的是，1973 年河南修武史平陵村出土一具金代石棺，根據《中國畫像石棺全集》中披露的幾個局部，〔註55〕石棺左側的「貴婦梳妝」（圖 22）與鄒瑍墓「侍女圖」，石棺右側的雜劇圖和鄒瑍墓雜劇圖明顯出自同一粉本。雖然未知棺中葬者性別，但是從棺兩側圖像布局（右側包括雜劇，散樂，孝子故事，右側包括侍妝、孝子故事）來看，我們會自然地將其中待妝的貴婦理解為墓主。這兩處畫像一方面讓我們對宋金墓葬中「墓主」的身份定位更加懷疑，一方面也讓我們猜測，造墓

〔註52〕河北省文物研究所：《河北武邑龍店宋墓發掘報告》，《河北省考古文集》（北京：東方出版社，1998 年版）第 325～327 頁。

〔註53〕楊育彬：《上蔡宋墓》，《河南文博通訊》1978 年第 12 期，第 34～35 頁。

〔註54〕河南省博物館、焦作市博物館：《河南焦作金墓發掘簡報》，《文物》1979 年第 8 期，第 1～2 頁。

〔註55〕高文：《中國畫像石棺全集》，太原：三晉出版社，2011 年版，第 624～630 頁。

者在修建墳墓時並不見得都嚴格按照一種理想的模式，而有較多的隨意性。出於對資金、時間、工匠水平等各種問題的考量，有時按時完成一座墓穴，往往比精心製作一個完美的墳墓更爲重要。

圖 22　修武石棺側壁女子梳洗圖（採自《中國畫像石棺全集》624 頁）

　　梳妝圖在考古簡報中經常被稱爲「侍女梳妝圖」。根據以上分析，我們認爲宋墓壁畫中凡是正在梳妝的，都不應視作侍女，其身份更可能是婢妾。這些女性從外貌看都是二八佳人，容顏如玉，身材頎長，衣飾華麗，是宋代美人的典型代表。畫工似乎有意對她們進行了細緻的描繪，無論立還是坐，其女性特質都顯露無遺。其所處的閨閣空間也具有強烈的暗示性，如輕軟的帳幔，另一側的床榻、開放的花卉等。在精神分析理論那裡，這些都是性欲的象徵。這部分對女性梳妝場景及生活環境的描繪形成了一個特有的女性私密空間。這種私密的女性空間往往是現實生活中男性無法獲知的，或者是離開之後無法知曉的，他們對此有著強烈的窺探欲望。墓葬的裝飾在努力滿足「觀者」對女性空間的窺看欲望。這類圖像讓我們很容易忽略它本質上是墓葬內的裝飾繪畫，似乎人們在構築一個陰界立體眞實的空間的同時，又創造了一個唯美的圖畫空間。這其中生動鮮活的女性既是想像的生活本身，又是滿足視覺感官不可觸摸的鏡中影像。

墓葬圖像的禮儀性質往往讓我們忽視它本身是屬於繪畫的一部分。宏觀中國古代繪畫史的發展，魏晉南北朝的繪畫已完成了從「跡簡意淡而雅正」向「細密精緻而臻麗」的演進過程。宋代，繪畫分科，文人畫大興，閨房內女子形象已脫離了上古人物畫的倫理鑒戒色彩，變成了更具審美意義，更重視內心刻畫的獨立構圖。如王詵的《繡櫳曉鏡圖》，蘇漢臣《靚妝仕女圖》等，都以女性梳妝爲主題。宋代郭若虛在《圖畫見聞志》中論婦人形象時說，「厲觀古名士畫金童玉女及神仙星官中有婦人形象者，貌雖端嚴，神必清古，自有威重儼然之色，使人見則蕭恭有歸仰之心。今之畫者，但貴其姱麗之容，是取悅於眾目，不達畫之理趣也。」宋代墓葬裝飾圖像作爲世俗繪畫的一部分，很難說不會受到繪畫發展的大趨勢影響。墓葬中梳妝的女性非常接近於我們所理解的「美人畫」。畫匠的眞實心意雖然難求，但是當我們注目登封宋墓西南壁臨水照容的女子，就不能不爲其線條、構圖所塑造的女性之美歎服。而同墓繪畫中，墓主夫婦莊嚴正坐，不苟言笑。威重儼然的婦人，和容色姱麗的女郎同處一墓，她們是聖潔的妻和美麗的妾，分別代表著道德之美與容顏之美，這大概也是宋代世俗社會男性關於女性的眞實夢想。不同於文人畫家筆下削肩清瘦的仕女，墓葬裝飾中的女性面龐都是豐滿的，面色紅潤。顯然民間對「另一半」的期待不同於文人士大夫，他們更欣賞健康的女性，而並非被小腳（或被男人）框定了活動範圍，纖弱、蒼白，隨時都處於閨怨狀態的（換言之，隨時都思念著男人的）女人。

此外，宋墓裝飾中還偶有鏡臺、鏡架的出現。作爲日常陳設用品，它們在仿木結構的墓室空間並非如窗櫺、桌椅等必須之物，也不如剪刀、熨斗出現得頻繁。由於其絕對的閨閣氣息，對於其出現的墓葬，是否應作特殊的考慮？比如我們假設，有梳粧檯或鏡架出現的墓葬其墓主必爲女性，或至少有女性作爲葬者之一的夫妻合葬，從而影響到墓葬的設計？

（三）作為陳設的鏡架與奩具

河北曲陽五代王處直墓爲夫妻合葬墓，設東、西耳室，兩室東壁壁面均包括一幅大型屏障畫和一張長案。案上放置的日常生活用具意味著主人的日常起居。〔註56〕象徵男主人的東室，壁面屏風繪「一水二坡岸」格局的山水，長案上最醒目的是左方的一具帽架，上面置一頂黑色展腳襆頭。象徵女主人

〔註56〕河北省文物研究所、保定市文物管理處：《五代王處直墓》，北京：文物出版社，1998年版，第15～31頁。

的西室，壁面屏風所繪爲花鳥。長案上各種華麗的奩盒中間，有一幅碩大的鏡架，其上圓鏡有著漂亮的花卉。此外西室北壁和南壁均繪侍女，其中一名侍女手中所捧爲葵瓣形奩盒。

王處直墓壁畫的構圖使我們不能不想到山東沂南漢墓。同樣爲墓主人缺席的畫面空間，沂南漢墓通過系列梳妝用具、侍女捧奩和兵器庫、車馬出行來建構女主人和男主人的性別身份和社會地位，而王處直墓的男女墓主則通過官帽和銅鏡來分別建構。

宋太宗元德李后陵地宮，墓室內所存壁面裝飾可分三組：假門和假窗，桌、椅和燈檠，衣架、盆架和梳粧檯。其磚雕桌椅、衣架和燈檠等亦見於鄭州南關外至和三年（公元 1056 年）墓，惟衣架下缺少剪刀、尺和熨斗。盆架也見於禹縣白沙 M1 後室西南壁，但後者架足已作彎曲狀。〔註 57〕葬主元德李後爲宋太宗妃嬪，眞宗生母。貴爲帝后之身，其墓室中所用家具與一般富有平民相差無二，或可說明北宋皇室與民間社會彼此已基本共享雷同的室內家具及居室設計。而剪刀、尺子、熨斗等器具的缺乏，又似乎暗示以墓主的高貴身份，生前無需操持這類女紅工具。

洛陽邙山宋墓墓主爲一名女性。墓中隨葬品豐富，包括金簪、金飾、金耳環、鎏金手鐲、粉盒、銅鏡等女性用品。銀葵花盤有「行宮公用」銘文，暗示墓主身份或與皇室有關。〔註 58〕墓室內北側壁龕內有磚雕梳粧檯，臺架上砌長方抹角形粉盒。龕後雕有剪刀，上方繪兩幅以花鳥畫爲題的卷軸畫。顯然，墓主同時也是一位知識女性。

鄭州南關外磚石墓，東壁爲女性閨閣空間，磚雕包括衣架、剪刀、尺、熨斗、梳粧檯，臺上圓形帶柄鏡，以及文房用具筆架、筆、硯和墨。〔註 59〕後者的出現或說明使用這間閨房的女性也同樣具備閱書寫的能力。該墓發現了兩具重疊放置的人骨，居上者係在居下者埋好之後二移遷葬於此。據墓內買地券，墓主爲男子胡進。我們推測胡進先亡，並計劃其妻死後祔葬。該墓在設計墓葬空間時將未亡者同時納入考慮。類似的情況還有登封雙廟小區金

〔註 57〕 河南省文物研究所、鞏縣文物保管所：《宋太宗元德李后陵發掘報告》，《華西考古》1988 年第 9 期，第 19～46 頁。

〔註 58〕 洛陽市第二文物工作隊：《洛陽邙山宋代壁畫墓》，《文物》1992 年第 12 期，第 37～51 頁。

〔註 59〕 河南省文物局文物工作隊第一隊：《鄭州南關外北宋磚石墓》，《文物參考資料》1958 年第 5 期，第 52～54 頁。

墓，墓室東北壁砌一鏡架，其旁側並雕交股剪和熨斗。出土一男一女兩具骨架。女性爲二次葬。〔註60〕

　　洛陽澗西耐火材料廠13號墓，西壁浮雕雙魚鏡臺。據棺釘分佈範圍推測有棺材兩具，〔註61〕爲夫妻合葬。濟南商阜35中金墓，東南壁雕一鏡臺。墓中發現兩具骨架。濟南鐵廠金墓，雙人葬。左壁雕鏡架一個。濟南實驗中學金墓，墓門左壁爲一鏡架。室內未發現骨架，推測也是夫妻合葬墓。〔註62〕此外再如安陽新安莊西地44號墓，墓室東壁砌高櫃、低桌各一。桌面以上嵌有磚雕兩塊，雕出一對奩匣（圖23）。墓中出土三具骨架。一枚銅鏡枕在成年女性頭下，兩對銅耳環分別在成年和未成年人女性頭部附近〔註63〕。據出土墓誌，墓主爲王現，身份是一名小商賈。可見人骨分屬王現、其妻和女兒。那麼桌上兩幅妝奩，恰好對應墓中的兩名女性成員。這種情況或許說明，墓葬室內空間設計與葬者的關係有時比我們設想的更加緊密。

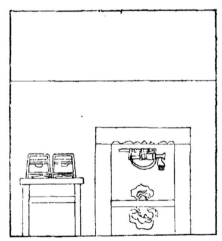

圖23　安陽新安莊西地44號墓東壁磚雕圖案

（採自《河南安陽新安莊西地宋墓發掘簡報》圖6-3）

〔註60〕宋嵩瑞、耿建北、付得力：《河南登封市雙廟小區宋代磚室墓發掘簡報》，《文物春秋》2007年第6期，第33～37頁。

〔註61〕洛陽博物館：《洛陽澗西三座宋代仿木結構磚室墓》，洛陽師範學院河洛國際文化研究中心編《洛陽考古集成，隋唐五代宋卷》（北京：國家圖書館出版社，2005年版），第526～529頁。

〔註62〕濟南市博物館：《濟南市區發現金墓》，《考古》1979年第11期，第508～510頁。

〔註63〕中國社會科學院考古研究所安陽工作隊：《河南安陽新安莊西地宋墓發掘簡報》，《考古》1994年第10期，第910～918頁。

餘　論

　　雖然正史和歷代文人（男性）書寫幾乎完全忽視了女性這一性別，但是在一般民眾的現實生活中，女性卻很難被忽略。比如在古代關乎生死大事的墓葬畫像上，女性就常常作爲男性的夥伴關係出現。這一點在漢代祠堂畫像和宋代仿木結構磚雕墓中都有較爲直觀的體現。本文所關注的梳妝雖然只是墓葬裝飾中女性活動一個極爲微小的細節，但它的確是體現性別差異的強有力的視覺形象。圖像中的人與物，主與僕，活動與靜止，都成爲傳遞男女性別差異觀念的頗爲有效的方式。

　　古代男子對女性「色」的追求在不同時代大同小異，眞正不同的往往是主流意識形態。在漢代，漢儒們用《列女傳》《女誡》等書籍型塑他們心目中理想女性的形象。文人的「上層」書寫和留存下來的墓葬圖像（民間世俗圖像）相互應證，在顯示這個社會從上到下對儒家倫理道德的遵從與循服。漢墓中與梳妝相關的圖像與俑像都說明了社會對女性修德的期待：侍妝的女僕等待的是抽象的女主人；祠堂樓閣上梳妝的眷屬雖然身份可能存在差異，卻表現出了整齊劃一的服飾、氣質和風格。她們表面上是一群人，其實只是一個人，是「道德之陰」的化身。

　　宋代社會對女性的想像已然不同。「德」依然非常重要，甚至在某些理學家的道德訓誡中，德行遠較生命更爲重要。然而現實社會各層面的豐富色彩已經不是泛化的道德說教可以一言以蔽之。北宋政治的劇變，經濟的持續富足和市民階層的繁榮喚起了社會前所未有的逸樂之風，這包括上層以至富有人家對愛好和品位的培養，對休閒生活的熱衷。男性通宵觀伎，走馬看棚，納妾狎妓都是潮流風尚。雖然納妾名義上是爲了天地人倫子嗣承續，但是大量有足夠經濟條件的男子即使有了子嗣，還是在正妻之外納妾，更不說日常流連於勾欄。對他們而言，娶妻是理智的社會性需要。妻子是家內事務和家中子嗣的管理和維護者，是家庭穩定的核心；納妾是情感與情慾的需要，妾是溫柔美麗，善解人意的，是男性有活力和男子氣的表徵。宋代仿木結構磚雕墓的擁有者主要屬於相對於皇室、官戶、奴婢家庭的民戶家庭，但又多屬於民戶中的上層，如地主、商人、經濟寬裕的平民。如果說漢代的小官吏是把家國夢想畫在祠堂上砥礪世人，那麼宋代的中產階級就是把夢想中的休憩天堂描繪在墓葬裏。這個天堂裏有德行高尚會理家的賢夫人，有漂亮優雅能生育的婢妾，她們和諧並存。這既是人們活在現世通過努力可以實現的人生

理想，又是死後進入陰間亦不捨放棄的在世迷夢。

　　此外，可進一步指出的是，無論宋代仿木結構磚雕墓的壁面呈現是否展示家中盛宴，且同時具備了祭祀和供奉的含義，是否模倣了地面慶堂、壽堂，墓內裝飾空間營構的都是純粹的家內空間。和漢代祠堂畫像上有大量的男賓出現，車馬行走人聲喧闐不同，宋墓的空間是絕對內向、封閉、寂靜的。即使墓主夫婦正在觀看樂舞、雜劇，或散樂演出，並同時飲宴，這場宴會也沒有邀請一位外來賓客。這是一場完全私人的家庭聚會。從室內陳設可以判斷，空間的組成除了廳堂，其餘就是臥室、閨房、廚房，或者還存在書房。而其間活動的人物除了男性墓主（包括其子），餘者幾乎都是女性。她們具體的身份包括家中的老婦人、可能的媳婦、數量不明確的妾、大量的婢女。男性主人雖然是這個家庭抽象的主宰，但是這座「宅子」委實充滿了脂粉氣，彌漫濃鬱的陰性氣息。

（作者單位：四川大學博物館）

試論權衡器具秤桿刻度設計的起源與形成

程穎

摘要：縱觀傳統權衡器具設計發展，從等臂天平到不等臂桿秤的設計演化中，衡杆刻度設計的起源與形成是重要環節，本文從權衡器具設計的發展中，通過對衡秤、單秤、戥秤等不同時期權衡器具刻度設計考察，分析秤桿刻度設計的起源與形成。

關鍵詞：權衡器具；秤桿刻度；設計；起源；形成

中國傳統權衡器具設計在春秋戰國時期產生了成熟的天平衡器「楚衡」和「秦權」，伴隨權衡器具設計的不斷發展和完善，從等臂天平衡杆上發展出帶有刻度的衡秤，在衡秤設計的啓發和過度中東漢後期萌芽了桿秤的設計形式，魏晉南北朝時期得到普及，至唐宋時不斷完善，並形成精細化和規範化設計。桿秤作爲重要的日用權衡器，其秤星刻度設計是桿秤形成中的重要環節，本文從權衡器具設計的發展中，通過對權衡器具刻度設計考察，分析桿秤秤星設計的起源與形成。

一、衡稱——權衡器具刻度設計的起源

中國歷史博物館所藏的兩件有刻度的衡杆（圖 1），衡杆銅質，呈扁平狀

長方體，其中一衡重 97.6 克，長 23.15 釐米，厚 0.35 釐米，另一衡重 93.2 克，長 23.1 釐米，厚 0.35 釐米，這兩件衡杆正中有鼻紐，紐下衡杆背面刻有「王」字，所以又稱「王衡」（圖 2）。考古學界對戰國出現的這兩件「王」衡稱為「衡秤」。劉東瑞在《談戰國時期的不等臂秤「王」銅衡》一文中首次提出，「在公元前四世紀前後的戰國時期，我國人民從等臂天平的使用進一步瞭解到不等臂衡秤的作用，依靠算籌的乘除運算，求得稱重結果，也是實際可能的。」
〔註 1〕

圖 1　戰國衡秤「王」衡　　　　圖 2　王衡上的「王」字

　　從「王」衡衡杆刻度的設計形式來看，是源於尺度刻度。就是說衡秤桿刻度起源於尺上的刻度。度量衡器具設計上最早出現刻度的是測長的工具——尺，如商代牙尺（圖 3），尺正面等分十寸，每寸刻十分。這兩件衡杆一隻長 23.15 釐米，另一隻長 23.1 釐米，從「王衡」衡杆的設計規格上看，就是一把尺的型號大小。我們把戰國時期的一把尺與這兩杆「王」衡比較，如戰國銅尺（圖 4）長 23.1 釐米，寬 1.7 釐米，厚 0.4 釐米，正面一側刻十寸，第一寸處刻十一格，五寸處有交午線，一段有孔。再如西漢木尺（圖 5）長 23 釐米，寬 1.2 釐米，厚 0.2 釐米，正面刻十寸，未刻分，正中有十字交午線，一端有孔。顯然「王衡」的衡杆尺寸設計規格是按照當時一把尺的大小規格來設計，所以據此推斷「王」衡衡杆刻度是對尺的刻度的模倣設計。另外根據「王衡」的刻度中間的「尖端向下夾角 60°的交午線」判斷，「王衡」的刻度也是源於尺的刻度，因為交午線最初是天文儀器「圭表」上的刻度，「交午」是指表杆在日中的位置，以確定南北方向，交午線應用在「尺」的設計上，表示一尺的五寸處，即一半的位置，如上述戰國銅尺和西漢木尺，均有交午

〔註 1〕　劉東瑞：《談戰國時期的不等臂秤「王」銅衡》，《文物》1979 年第 4 期，第 73～76 頁。

線。所以根據「王衡」的刻度的交午線判斷,它的刻度模倣於尺的刻度。由此我們可以推論「王衡」的刻度最初也許只是尺度上的刻度,當時隨著使用經驗的積累,尺度的刻度逐漸轉化爲權衡器具刻度的設計形式。

圖 3　商代牙尺

圖 4　戰國銅尺

圖 5　西漢木尺

　　從以上分析,衡秤「王」衡是所見最早的衡桿上有刻度的實物資料,本文認爲這也是後來成熟桿秤秤星刻度設計的起源。衡秤的均分刻度爲等臂均分,沒有標注斤兩數,其實秤桿刻度設計經過兩個時期,一是「均分刻度」,二是「斤兩刻度」。衡稱的等臂均分刻度發展爲不等臂的均分刻度設計就是單秤的刻度設計形式。

二、單秤——權衡器具刻度設計的進一步發展

　　關於「單秤」的來歷,在魏晉南北朝至隋唐的醫書中多有記載。蘇恭《唐本草·陶隱居「合藥分劑料理法則」按語》「古秤皆複,今南秤是也。晉秤始後漢末以來分一斤爲二斤,一兩爲二兩耳……古方惟仲景而已涉今秤……非復秤。」孫思邈撰,高寶衡、林億等校正《備急千金藥方·凡例》「吳有複秤、單秤,隋有大斤、小斤,此制雖復紛紜,正惟求之太深,不知其要耳。」〔註2〕

〔註2〕　轉引自郭正忠:《三至十四世紀中國的權衡度量》,北京:社會科學出版社,1993 年版,第 36 頁。

在這些中藥文獻資料中屢次出現的「單秤」「複秤」的稱謂，郭正忠在《三至十四世紀中國的權衡度量》一書中，提出「那麼，唯一合理的解釋，便是『複秤』之『複』，當指古代藥用天平兩端皆係秤盤：一盤盛藥，另一盤置砝碼，……『複秤』即指兩端繫盤的古藥秤天平，那麼，『單秤』無疑是指僅有一端繫盤的藥用提繫桿秤。」〔註3〕按照郭正忠的分析所謂「單秤」與「複秤」的稱謂是根據天平向桿秤演化中，「弔盤」的變化而來的，天平兩個弔盤故而稱謂「複秤」，提繫桿秤一個弔盤故而稱謂「單秤」。

「單秤」即藥用桿秤，魏晉南北朝隨著中醫醫藥的發展，稱量藥劑要求即快又準，所以醫藥領域的「單秤」就是在這樣的使用背景下產生了，它的發展從三分衡杆到五分衡杆再到四分衡杆幾個步驟，天平衡器的衡杆為二分衡杆，懸紐（支點）在中心，而三分衡桿秤是把衡杆平分三份，支點的提紐移向物重一端，位於衡杆三分之一處（圖6），這樣懸繫砝碼的位置，與提紐支點的距離，二倍於繫物端與提紐之間的距離，從而原來天平上一兩的砝碼在此「單秤」上最大稱量可以達到原來的兩倍即二兩。同樣的道理，在五分衡單秤（圖7）上提紐位於五分之二處，最大稱量就是相當於砝碼的一倍半，同樣四分衡單秤（圖8），提紐位於物重端四分之一處，最大稱量就是相當於砝碼的三倍。

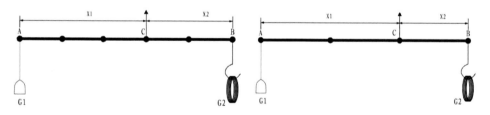

圖6　三分衡單秤示意圖　　　　圖7　五分衡單秤示意圖

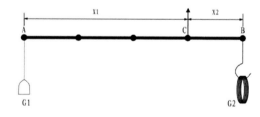

圖8　四分衡單秤示意圖

〔註3〕　同上。

因此，單秤的刻度設計屬於不等臂的均分刻度形式，衡杆提紐移至物端，單秤上一倍重量的砝碼，可以稱量幾倍的物品，這就是「單秤」的使用方式。這種使用方式不僅在小型「藥秤」上，在早期中型「日用秤」上也可能有類似情況，南朝執秤圖（臨摹本）（圖 9）和北魏「稱鴿桿秤圖（臨摹本）（圖 10）圖中桿秤的提紐均在接近衡杆中部的位置，也就是懸掛所稱物體的重點與提紐的支點距離很大，這是初級桿秤形式的標誌結構，這說明此時衡杆的刻度非常粗略，桿秤還沒有達到細分斤兩刻度的標準。

圖 9　南朝執秤圖（臨摹）　　　　圖 10　北魏稱鴿圖（臨摹）

三、「戥秤」——秤星刻度設計的精細成熟

「戥秤」就是單秤的改良設計。它是宋代廣為使用的小型權衡器，秤星刻度設計精細完備，是桿秤精確化的發展，「戥秤亦名等子，始於宋代，是專稱金銀珍品或藥物的小型衡器，它靈敏精巧，至今沿用。」〔註4〕其實等子是桿秤秤星刻度設計的精細化、精確化發展的結果，宋代是等子盛行的時代，最能代表此時秤星刻度設計成就的為劉承珪的「戥秤」。

宋代劉承珪的「戥秤」設計以《宋史・律曆志》記錄最詳，「其法蓋取漢志子穀秬黍為則，廣十黍為寸，從其大樂之尺，就成二術，因度尺而求毫，

〔註4〕 國家計量總局、中國歷史博物館等主編：《中國古代度量衡圖集》，北京：文物出版社，1984 年版，第 35 頁。

自積黍而取累。以毫、累造一錢半及一兩等二秤，各懸三毫，以星準之。等一錢半者，以取一秤之法。其衡合樂尺一尺二寸，重一錢，錘重六分，盤重五分。初毫星準半錢，至稍總一錢半，析成十五分，分列十毫；中毫至稍，析成十分，分列十毫，末毫至稍半錢，析成五分，分列十毫。等一兩者，亦為一秤之則。其衡合樂分尺一尺四寸，重一錢半，錘重六錢，盤重四錢。初毫至稍，布二十四銖，下別出一星，等五累；中毫至稍五錢，布十二銖，列五星，星等二累；末毫至稍六銖，銖列十星，星等累。」〔註5〕根據這段記載，劉承珪的「戥秤」的刻度設計在桿秤發展上具有標杆性意義，其一，刻度設計的精細和完備。根據上文記載，劉承珪設計了「一錢半戥秤」和「一兩戥秤」兩桿戥秤，先看「一錢半戥秤」的設計，其三毫紐的量程，「初毫星準半錢，至稍總一錢半，析成十五分，分列十毫」；「中毫至稍，析成十分，分列十毫」，「末毫至稍半錢，析成五分，分列十毫」。從以上分析「一錢半戥秤」的三毫紐的最小分度值均為一毫，相當於 0.04 克，其精細度已達相當高的程度。再看「一兩戥秤」，三毫紐分別為：「初毫至稍，布二十四銖，下別出一星，等五累」；「中毫至稍五錢，布十二銖，列五星，星等二累」；「末毫至稍六銖，銖列十星，星等累」。由此可以看出「一兩戥秤」的三毫紐的最小分度分為為：初毫 5 累合 0.83 克。二毫 2 累合 0.33 克，三毫 1 累合 0.167 克，其三毫的最小分度由大到小，可見戥秤的刻度設計不僅標注斤兩之數，而且刻度設計越來越精細。其二，每秤都有三毫，桿秤提紐從最初的一紐發展到三紐，這不僅是刻度精細化的結果，而且使桿秤功能範圍擴大，量程加寬。而較早的戥秤實物資料，以中國歷史博物館藏兩桿明代「萬曆戥子」為代表（圖11、圖12），收錄在《中國古代度量衡圖集》一書中，其中一桿桿長 31.1 釐米，懸兩毫紐，第一紐開端五兩，最大稱量二十兩，分度值為一錢，第二紐開端為零，末端五兩，分度值兩分。另一桿桿長 42 釐米，有三紐，第一紐開端十兩，最大稱量六十兩，分度值一兩，第二紐開端五兩，最大稱量二十兩，分度值一錢，第三紐開端零，最大稱量五兩，分度值二分。〔註6〕與劉承珪「戥秤」比較，刻度設計同樣精細完備。

〔註5〕　〔元〕脫脫等撰：《宋史》六十八卷《律曆志》，北京：中華書局，1985 年版，第 1495～1496 頁。

〔註6〕　國家計量總局、中國歷史博物館等主編：《中國古代度量衡圖集》圖版說明第 35 頁。

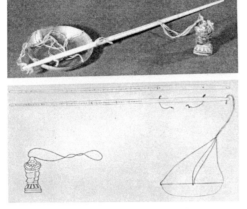

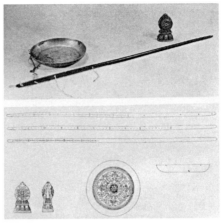

圖 11　萬曆戥秤（一）　　　　圖 12　萬曆戥秤（二）

　　通過對戥秤刻度設計的分析，我們可以看到，刻度設計在戥秤上的成熟，與衡秤和單秤比較，戥秤刻度設計是不等臂斤兩刻度形式，由衡秤等臂均分刻度設計，到單秤的不等臂均分刻度設計，再到戥秤的不等臂斤兩刻度設計，這是權衡器具衡杆刻度設計的一條主線。

四、結語

　　由上所述，衡杆刻度的設計從起源到形成是漸進的演化過程，戰國晚期衡秤提鈕在衡杆中間，其等臂均分刻度的形式，這是權衡器具刻度設計的起源。魏晉至隋唐時期的單秤，雖然衡杆刻度設計仍是均分刻度的形式，但是提鈕不在中間，而是靠近物端，這是不等臂均分刻度的形式，也是刻度設計的進一步發展。宋代的戥秤刻度設計標注精細的斤兩數，這是完備的秤星刻度設計，也就是由「均分刻度」設計到「斤兩刻度」設計的轉變。因此衡秤的等臂均分刻度是起源，單秤的不等臂均分刻度是進一步發展，戥秤的斤兩刻度設計是權衡器具衡杆刻度設計的完備形成。

（作者單位：蘇州工藝美術職業技術學院）

榼的形制演變及意蘊象徵〔註1〕

汪曉東

摘要：從商至清，榼的造型、名稱與功能隨著社會的變遷而變異。榼在不同場合與環境背景下，所傳遞的信息不盡相同。在墓葬中，它體現了人們事死如生的心理訴求；在宮廷中，它則體現了君權的威懾力；在民間特定的場合下，它又體現了吉祥文化，作爲一種象徵符號，榼折射了中國傳統文化的精髓。

關鍵詞：榼；形制；意蘊；象徵

榼，亦稱食罍，俗稱「累子」，即盛放食物的盒子，多層，內有格，因便於提攜，後多春遊野餐時用之。從文獻中來看，榼南北朝時就已經出現。南北朝劉義慶在《世說新語》中云：「在益州，語兒云：『我有五百人食器。』家中大驚。其由來清，而忽有此物，定是二百五十沓烏榼。」〔註2〕可見，一沓榼可以滿足兩個人的食用量。「王夷甫嘗囑族人事，經時未行。遇於一處飲宴，因語之曰：『近囑尊事，哪得不行？』族人大怒，便舉榼擲其面。」〔註3〕

〔註1〕 本文爲福建省人文社科研究項目「閩臺鄉村社區營造比較研究」（FJ2016B201）階段性成果。
〔註2〕 〔劉宋〕劉義慶著，錢振民點校：《世說新語》，長沙：嶽麓書社，2015年版，第166頁。
〔註3〕 〔劉宋〕劉義慶著，郭孝儒注：《世說新語》，北京：經濟日報出版社，2002年版，第179頁。

宋蘇軾在《與滕達道》：「某好攜具野炊，欲同公求紅朱累子兩桌二十四隔者，極爲左右費。」〔註4〕明洪根《清平山堂幫本·鳳月瑞仙亭》：「打點春盛食罍、燈籠，我今夜與你賞月解悶。」〔註5〕明劉侗在《帝京景物略·嘉喜寺》中云：「輿者三四，徒騎數十，所揣食欙三四臺。」〔註6〕

欙即《說文》中「欙」，「山行所乘者。從木累聲。」〔註7〕按照《說文》中的解釋，「欙」並非我們今天所說的食盒，而是古代走山路所乘的器具。但康熙字典引廣韻，《廣韻·上紙》：「欙，似盤，中有隔也。」〔註8〕日本狩谷望之《倭名類聚鈔注》卷六：「欙，其器有隔，故謂之累，言其多也。」〔註9〕程炎震云：「玉篇：『沓，重疊也。』廣韻：『沓，重也，合也。』欙當爲有蓋之器，故一欙可爲兩人食器也。」嘉錫案：類聚八十二引杜蘭香別傳曰：「香降張碩，齎瓦榼酒、七子欙。欙多菜而無他味，亦有世間常菜，並有非時菜」云云。〔註10〕七子欙，蓋欙中有七隔，以盛肴饌，即今之食盒，一名攢盒者是也。書鈔一百四十二引祖臺之志怪云，「建康小吏曹著見廬山夫人，爲設酒饌，下七子盒盤，盤內無俗問常肴粆。」〔註11〕所謂七子盒盤，亦即欙也。從中我們可以得知，欙、榼、攢均爲一物也，今天我們統稱之爲食盒，但筆者認爲用「欙」命名則更爲貼切。笥，古代盛飯食或衣物用的一種方形竹器。在《說文解字》中記載：「笥，飯及衣之器也。」〔註12〕《禮記·曲禮》中鄭玄的注解爲：「簞笥，圓曰簞，方曰笥。」〔註13〕盛飯食的笥屬於欙的範疇。

〔註4〕 〔宋〕蘇軾著，吳文清、張志斌校點：《東坡養生集》，福州：福建科學技術出版社，2013年版，第130頁。

〔註5〕 〔明〕洪楩：《清平山堂話本》，長沙：嶽麓書社，2014年版，第64頁。

〔註6〕 〔明〕劉侗，〔明〕於奕正，樂保群注：《帝京景物略》，北京：紫禁城出版社，2013年版，第197頁。

〔註7〕 〔漢〕許慎撰，〔清〕段玉裁注：《說文解字注》，上海：上海古籍出版社，1981年版，第267頁。

〔註8〕 〔劉宋〕劉義慶：《世說新語箋疏》，北京：中華書局，2007年版，第417頁。

〔註9〕 同上。

〔註10〕 余嘉錫：《世說新語箋疏》，北京：中華書局，1983年版，第756頁。

〔註11〕 王筱雲、韋鳳娟：《中國古典文學名著分類集成》，天津：百花文藝出版社，1994年版，第170頁。

〔註12〕 〔漢〕許慎著，清段玉裁注：《說文解字注》，上海：上海古籍出版社，2012年版，第192頁。

〔註13〕 同上。

一、槤的形制演變

　　槤從出現直至清代，形制從單一化發展到多樣化，無論功能、造型、材質均發生了很大的變化。槤的形制，從最初的質樸、簡約發展至清代的繁縟、奢華，其形制的發展反映了一個時期、一個朝代的審美特點；反之，每一個朝代的意識形態也影響了它的形制特點。

　　器物的最早出現，往往考慮基本的功能，在形制上，相對簡潔實用。槤約在春秋戰國時期就已經出現，初期盛行圓器，瓷器的槤是在仿木基礎上發展而來的。據目前的考古資料發現，陶質槤最初出現在「商冢」中。道光《修武縣志》載：「商冢在縣東二里。武王伐商，其子孫有來歸而死者，葬於此。」〔註14〕墓葬中的出土器物有灰陶槤、陶罐、陶鼎等，時代為商代至漢代。可見陶製槤在這個時期就已經出現，目前在一些學術論文中說食盒大致出現在唐代是不準確的。瓷器槤早在春秋戰國時期就已經出現。現藏於南京博物院的原始瓷戳印紋多子盒（江蘇省武進淹城遺址出土），子口，通高 6.5、口徑 21、足徑 18.2 釐米，內有 3 隻小盂，以致黏連。小盂內外皆施青軸，均為子口（圖1）。〔註15〕此處所謂的多子盒為攢，攢即槤。

圖 1　原始瓷戳印多子盒（春秋）

〔註14〕修武縣地方史志編纂委員會編：《修武縣志：1985～2000》，鄭州：中州古籍出版社，2012 年版，第 237 頁。

〔註15〕張柏主：《中國出土瓷器全集 江蘇 上海》，北京：科學出版社，2008 年版，第 5 頁。

　　樏最初分格並不多，但在魏晉時期，貴族逐漸講究飲食的奢華程度，樏在日常生活中非常受用，所以，樏的分格漸多。晉代詩人左思描述了四川豪門的宴飲生活：「金罍中坐，肴樏四陳，觴以清醇，鮮以紫鱗。」〔註16〕如廣西賀縣河東高寨漢墓陶樏，中間十字隔梁，分成四格。東漢時期，儘管樏的格逐漸增加，但是大致在嶺南使用，形制並無大變。三國時代東吳佔有南方地區，逐漸把樏推廣到整個長江以南。西晉統一中國，樏又傳入黃河南北。在考古出土中發現的樏，有陶、青瓷和木胎漆器等不同材料，子（格）的數量穩定中有變化，原來只有圓樏，此時方樏也出現了。

　　樏流行於東漢至南北朝時期。瓷樏和青瓷樏樣式較多，帶有明顯的時代性。三國到西晉時期，樏的外形為長方形，中間分為一大格和八小格，平底無足或長方形圈足（圖2）。1993年南京上坊墓出土的三國時期鳳凰元年的青瓷樏（南京市博物館藏），樏內有九個方格，一大八小，分作二行，一行五格，大小相似；另一行四格，大小錯落，有子母口。〔註17〕

圖 2　青瓷樏（三國）

　　到東晉時期的樏多為圓形，中心一圓形格內分三小格，四周成扇形分為七小格，如南京市博物館藏西晉青瓷樏，圓形，子口，樏中部為圓形，其內

〔註16〕〔晉〕常璩：《華陽國志校補圖注》，上海：上海古籍出版社，1987年版，第113頁。

〔註17〕南京市博物館：《六朝風采》，北京：文物出版社，2004年版，第68頁。

分成三格，外圓分爲七格，平底（圖3）。〔註18〕南朝時期榡形與東晉相類似，但盤內的格子逐漸減少。兩晉時期有陶製的榡，多爲明器。北方地區多流行長方形榡，隨著時間的推移，榡內的格子逐漸減少。有的榡還是多層式的，可疊落起來，層與層之間有子母口。還有帶蓋的榡，多爲圓形，很像現在的調色盤，但榡牆較高。

圖3　青瓷榡（晉）

唐代的榡開始出現花形。在1994年河北省曲陽縣燕川村，出土的唐五代王處直墓的墓室壁畫《仕女圖》，圖中一仕女雙手捧榡，共兩層，外形爲四曲海棠花型，有底有蓋，小巧玲瓏，可單人雙手持抱，頂部仿照方形榡的盝頂，整個器體光素無花紋（圖4）。從圖像上來判斷，站在前面手捧食榡的仕女身份、地位明顯高於其後者，從衣著、打扮來看，似乎是主僕關係。在一些研究論文中，很多人覺得持食榡的人身份低賤，但筆者以爲要看具體環境，不可一概而論。

〔註18〕同上，第69頁。

圖 4 手捧花型標侍女圖（唐）

　　花型器物之所以出現在唐代，首先是統治階級的審美取向的引導，女皇武則天愛花，據傳一次女皇醉酒賦詩一首，「明朝遊上苑，火速報春知。花須連夜開，莫待曉風吹。」可見女皇愛花之甚可見一斑；其次，是植物擬形器的發展，前朝主要是以動物爲主的器形。唐代之後，以花草爲母題的裝飾比比皆是。

　　宋代繼承了唐代的特點，花型的食標得到了發展。在宋代的墓室壁畫中，仍然常出現仕女圖。相對於唐代，宋代的墓室壁畫更加世俗化與生活化，神話和歷史故事題材比唐代所見少得多。1959 年在江蘇省淮安市楚州區（原淮安縣）楊廟鎮楊氏墓地一號墓出土的壁畫爲北宋嘉祐五年（公元 1060 年），壁畫高 70、寬 40 釐米（已殘毀），畫面中侍女身旁桌上置放眾多菜肴，並有一疊托盞，女侍手捧葵瓣蓋食標（圖 5）。此外，宋代的標爲圓形，但一般帶蓋，內部可盛裝小碗，造型相對精緻。如甘肅花池李良子出土的多子標，此器爲耀州窯燒製，盒爲扁圓形，圈足，子母扣合嚴密。盒內黏接弓形瓷條，

將器腹分爲三格,每格可放置一隻小杯。這種裝置不僅出於形式上的美觀,同時亦可避免挪移時杯子在盒內相互碰撞而取得穩定的效果,這樣的多子檩適合單人雙手捧拿(圖6)。〔註19〕

圖5 手捧花型檩侍女圖(宋)

圖6

〔註19〕郎紹君:《中國造型藝術辭典》,北京:中國青年出版社,1996年版,第474頁。

　　遼代的樏受異域文化的影響，樏的形式仿照建築樣式，頂部爲盝頂，倒角收邊。在 1993 年河北省宣化下八里 7 號張文藻墓出土了一張壁畫，位於前室東壁。畫幅中巨大的方形樏非常顯眼，共六層，每一層的拉手在長方形食盒的長邊，食盒的四角採用金屬包邊，底部有花邊，兩層線腳收邊，頂部爲盝頂，方桌上的函盒爲同一形式，只是體量小了很多。這一時期的食樏基本上都是這種形式（圖 7）。〔註20〕1974 年河北省宣化下八里 1 號張世卿墓出土的一幅壁畫，此墓爲遼代天慶六年（公元 1116 年），畫幅的主要位置也是一個大型的方形食樏，同樣也是六層，有底有蓋，底部線腳收邊，頂部倒角收邊。但食樏的每一層拉手是在長方形食樏的短邊。

圖 7　備祭圖（遼）

　　明代開始出現提梁樏，便於郊遊攜帶；清代的樏受外來文化的影響，比較重視裝飾，無論是漆器、瓷器，或是竹編或藤編的樏，均有複雜的圖案，如 1979 年收購，現藏於濱州地區文物店的清代仿龍泉青龍瓷樏，乾隆年間景德鎮窯出品，樏成子母型，通體均施白釉作地，器蓋上面用青花料繪製纏枝菊花紋飾，蓋紐爲鏤孔菊花狀，四周菊花紋圍繞。樏內做一凸型圓餅爲中心，

〔註20〕徐光冀：《中國出土壁畫全集 1 河北》，北京：北京科學出版社，2012年版，第 141 頁。

內施青花料繪製花葉紋，其四周圍繞中心做凸起的弧型花瓣，內部備用青花料繪製蜜蜂紋樣，使整個圖案別具一格。〔註21〕

此外，在槤中鑲嵌寶石、金屬之類純裝飾的對象，也是典型清代食槤的特點，如螺鈿槤（圖8）。清代的食槤在整體造型上受明代影響，簡約、大氣、穩重，但在局部比較重視裝飾，尤其是宮廷用品，如圖9中爲晚清時期的食槤（目前藏於故宮博物院），高31釐米，長邊爲42釐米，短邊爲25釐米，內分三層，可盛裝不同的食物，四角包銅裝金，用料爲紫檀，是晚清時期生活用具中的精品。

圖8　螺鈿槤（清）

圖9　提梁槤（清）

〔註21〕濱州地區文物志編委會：《濱州地區文物志》，濟南：山東友誼書社，1992年版，第65頁。

二、槅的意蘊象徵

象徵作爲一種文化符號，具有自己獨特的存在方式、表現形式以及內在屬性。象徵符號是形態性與表意性的結合。三國魏王弼曰：「觸類可爲其象，合意可爲其徵」。〔註 22〕這裡的「象」即形態性，「徵」即表意性。所謂形態性，是指文化符號所指代的物態屬性；表意性，則是指符號所包含的意義。但象徵表意性的外延要遠遠大於其形態性。文化是變遷的，物的形態也不是一成不變，物的形態變異與人的意識、生活習性相關。而人的意識、生活習性又與特定的區域、特定的時期產生關聯。因此，必須將象徵符號置於一定的語境中才能完整地解讀其文化意義。

2.1 陪葬：事死如生

在中國古人看來，天下萬物皆有靈，人死只是表示離開了現實的世界，而人的靈魂卻永遠不會消失，它將生活在「冥」間，並期待轉世。在歷代陵墓中，均發現大量的食物及盛裝食物的食器。《禮記·檀弓上》載：「宋襄公葬其夫人，醢醯百甕」。曾子曰：「即日明器矣，而又實之。」〔註 23〕

1974 年山東鄒城發現的侍中、使持節、安北大將軍、領護烏丸校尉、都督幽并州諸軍事、關內侯劉寶永康二年（公元 301 年）墓，墓室中的隨葬品有兩件長方形多子槅，形制尺寸相同，其槅盤上縱橫分爲 12 個正方形大格，5 個正方形小格和 1 個長方形格。下附高圈足。清理時在槅上有橫置的完整魚骨。〔註 24〕1972 年發掘出的長沙馬王堆一號漢墓出土竹笥 48 個，三號漢墓有 52 個，均已嚴重腐朽。以一號墓爲例，其中 33 個集中在西邊箱，出土時疊爲三層，排列有序，上層 7 個，中層 16 個，下層 10 個。其方法是每層均爲平豎兩排。另外南邊箱出土 9 個，東邊箱出土 6 個，有 30 個竹笥盛有食物。〔註 25〕

陪葬食物的喪葬習俗由來已久。這和今天我們祭祀祖先擺放食物的觀念一致。人們普遍認爲人死後只是到了另一個世界，還要吃飯，與現世界的人一樣地生存，所以，要給死去的靈魂陪葬食物。宋代高承在《事物紀原》中載：

〔註 22〕〔魏〕王弼著，樓宇烈校釋：《周易略例·明象》，北京：中華書局，1980 年版，第 62 頁。

〔註 23〕陳戊國點校：《周禮·儀禮·禮記》，長沙：嶽麓書社，2006 年版，第 264 頁。

〔註 24〕山東鄒城市文物局：《山東鄒城西晉劉寶墓》，《文物》2005 年第 1 期，第 41 頁。

〔註 25〕侯良：《西漢文明之光：長沙馬王堆漢墓》，長沙：湖南人民出版社，2008 年版，第 192 頁。

今喪家棺斂，柩中必置糧罌者。王肅《喪服要記》曰：昔魯哀
公祖載其父，孔子問寧設五穀囊者，公曰：「否也。五穀囊者，起自
伯夷叔齊不食周粟而餓死，恐其魂之饑也，故設五穀囊。吾父食味
含脯而死，何用此為？」〔註26〕

恐魂饑是陪葬食物的原因，人雖死，其魂不死。「神之口腹，與人等也。
推生事死，推人事鬼，見生人有飲食，死為鬼，當能復飲食……。」〔註27〕
陪葬食物自然需要搬運與盛放食物的槥，槥也一同陪葬，或將食物取出，槥
疊放在墓室的一角，槥與其中放置的食物一同構成了人們對事死如生的精神
訴求。

2.2 賜死：權力的象徵

我國賜死制度源自商代，延續至晚清。《漢書‧賈誼傳》記載，古時大臣
「有大罪者，聞命則北面再拜，跪而自裁，上不使摔抑而刑之也」。〔註28〕《史
記‧白起傳》：「秦王乃使使者賜之劍，自裁。」〔註29〕《新唐書‧刑法志》：
「五品以上罪論死，……或賜死於家。」〔註30〕其後《唐律疏議‧斷獄下》
有「五品以上犯非惡逆以上，聽自盡於家」的規定〔註31〕。

賜死制度是君主專制的權力象徵，君主通過賜死樹立自己的絕對權威，
強化至高無上地位與權力。可見，賜死是一種不可逆的指令，相較於刑戮，
通常是為了讓被賜死者能夠保有最後的一點尊嚴。這種命令必須執行，如若
不從，則受到更嚴厲的酷刑，甚至株連九族。賜死的方式有多種，如給予被
賜死者白綾（白色的長布條），令其自縊；給予被賜死者寶劍，令其自刎；給
予被賜死者毒藥，令其自鴆。

但還有一種讓被賜死者可以任意選擇死亡的方式，如贈送被賜死者空
槥，寓意「祿盡命絕」。如三國時期的楊脩之死，曹操給楊脩送去一個空槥，
楊脩一看就知道君主的意思，於是拔劍自刎。曹操之所以殺楊脩，《三國志》

〔註26〕 〔宋〕高承：《事物紀原》，北京：中華書局，1979 年版，第 478 頁。

〔註27〕 〔東漢〕王充：《論衡》，上海：上海人民出版社，1974 年版，第 366 頁。

〔註28〕 〔西漢〕班固撰，方銘點校：《漢書人物全傳》，北京：北京時代華文書局，
2014 年版，第 564 頁。

〔註29〕 〔西漢〕司馬遷：《史記》，長春：吉林大學出版社，2015 年版，第 534 頁。

〔註30〕 〔北宋〕歐陽修、宋祁：《新唐書》，長春：吉林人民出版社，1995 年版，第
829 頁。

〔註31〕 岳純之點校：《唐律疏議》，上海：上海古籍出版社，2013 年版，第 488 頁。

記載：

> 植既以才見異，而丁儀、丁廙、楊脩等爲之羽翼。太祖狐疑，
> 幾爲太子者數矣。而植任性而行，不自雕勵，飲酒不節。植嘗乘車
> 行馳道中，開司馬門出，太祖大怒，公車令坐死。由是重諸侯科禁，
> 而植寵日衰。太祖既慮終始之變，以楊脩頗有才策，而又袁氏之甥
> 也，於是以罪誅脩。〔註32〕

同樣，曹操帳下首席謀臣荀彧的命運也如此。《後漢書》記載：

> 十七年，董昭等欲共進操爵國公，九錫備物，密以訪彧。彧曰：
> 「曹公本興義兵，以匡振漢朝，雖勳庸崇著，猶秉忠貞之節。君子
> 愛人以德，不宜如此。」事遂寢。操心不能平。會南征孫權，表請
> 彧勞軍於譙，因表留彧曰：「臣聞古之遣將，上設監督之重，下建副
> 二之任，所以尊嚴國命，謀而鮮過者也。臣今當濟江，奉辭伐罪，
> 宜有大使肅將王命。文武並用，自古有之。使持節侍中守尚書令萬
> 歲亭侯彧，國之（望）〔重〕臣，德洽華夏，既停軍所次，便宜與臣
> 俱進，宣示國命，威懷醜虜。軍禮尚速，不及先請，臣輒留彧，依
> 以爲重。」書奏，帝從之，遂以彧爲侍中、光祿大夫，持節，參丞
> 相軍事。至濡須，彧病留壽春，操饋之食，發視，乃空器也，於是
> 飲藥而卒。時年五十。〔註33〕

清代的同治皇后阿魯特氏（嘉順皇后）也是屬於自殺式的他殺。關於同
治后之死，史料記載有多種。《越縵堂國事日記》說：「上崩，后即服金屑，
欲自殺以殉，救之而解。又說禁中事秘，不能贊也。然自大喪，后即寢疾……。」
〔註34〕《李鴻藻先生年譜》說：「其後之崩，蓋絕食也：」〔註35〕《清代野史》
言：「有謂阿魯特氏自傷侍疾之無狀，願一死以殉載淳者。故當時曾經諭旨曰：
『上年十二月，痛經大行皇帝龍馭上賓，毀傷過甚，遂抱沉疴，以表其殉夫
之烈，』或曰，是特掩飾天下耳目之言，非實錄也。」〔註36〕

〔註32〕〔晉〕陳壽：《三國志》，北京：中華書局，2011 年版，第 463 頁。

〔註33〕〔劉宋〕范曄：《後漢書》，長沙：嶽麓書社，2008 年版，第 829 頁。

〔註34〕〔清〕李慈銘：《越縵堂日記說詩全編》，南京：鳳凰出版社，2010 年版，第 550 頁。

〔註35〕蘭泊寧：《大清十三釵》，北京：中國文史出版社，2015 年版，第 347 頁。

〔註36〕〔民國〕天台野叟：《大清見聞錄》，鄭州：中州古籍出版社，2000 年版，第 118 頁。

同治駕崩，嘉順皇后的父親崇綺請示慈禧：「如何安置同治后？」慈禧本就不喜歡同治后，靈機一動，想借崇綺之手滅了皇后？從慈禧的嘴裏蹦出兩個字：「殉葬！」〔註37〕慈禧的話驚得崇綺目瞪口呆，但爲了保住一家老少的性命，他央人給嘉順皇后送一個空槃，同治后見是家中的食器，當然悟得父親的苦心，也明瞭是慈禧的懿旨。爲了避免殃及家人，嘉順皇后自盡。另外，有資料顯示皇后絕食時，崇綺內心焦急萬分，於是買通宮廷裏的一位內官，給女兒送去一付食槃，裏面裝著女兒愛吃的熟食，只可惜送的過程中，被人做了手腳，等遞到皇后手中，只剩下一個空槃。結果就完全不同，嘉順皇后自殺。

雖然每一個史料不一定是眞實的，但如此眾多的資料匯聚在一起足以證明在我國古代君權帝制社會，空槃確實與死亡聯繫在一起。

2.3 炫耀：仕女的遊宴

野炊、野宴源於游牧民族，至唐時興盛於都市。皇室貴冑狩獵出行時往往攜帶野炊器具。在人們的潛意識中，認爲遊宴是文人士大夫的活動，殊不知，在唐代開元至天寶年間專門爲仕女們舉行的兩種野宴活動，即探春宴與裙幄宴。這兩種宴席都是在春天，都是由宦官及富豪之家的年輕婦女們組織的。探春宴一般在每年正月十五之後的幾天之內舉辦，《開元天寶遺事》卷下記載：「都人士女，每至正月半後，各乘車跨馬，供帳於園圃，或郊野中，爲探春之宴。」〔註38〕裙幄宴一般是在每年三月初三舉行。因爲花裙作爲飲宴的幕帳而得名。《紺珠集》載：「解裙四圍遮，遠如簾幕焉，故謂之裙幄。」〔註39〕唐《輦下歲時記》：「長安士女遊春野步，遇名花則設席藉草，以紅裙插掛以爲宴幄，其奢侈如此。」〔註40〕這種宴會風韻別致，食品則是家中預先準備好，盛裝於槃中，由僕婦丫環攜帶；然後三五結伴，歡歌笑語，乘車坐轎，選一花草茂密之地，四周插上竹竿，將裙子掛在竹竿上圍成一圈做成帷幕，唐代的仕女衣裙以裙寬肥大爲美，脫下衣裙上身還有衣衫，而且衣裙由好幾

〔註37〕李景屛、康怡著：《大清阿哥何苦生在帝王家》，北京：農村讀物出版社，2007年版，第253頁。

〔註38〕〔五代〕王仁裕：《開元天寶遺事》，上海：上海古籍出版社，2012年版，第52頁。

〔註39〕〔清〕陳夢雷，《古今圖書集成》，北京：中華書局，2006年版，第65015頁。

〔註40〕金沛霖：《四庫全書　子部精要》，天津：天津古籍出版社，2004年版，第509頁。

幅帛布拼接而成，十分華麗。

此外，明清時期，封建禮教制度逐漸式微，江南女子們以宗教信仰為藉口，用燒香敬神的名義野遊。尤其在清末，女子盛裝出遊的情形已經十分普遍，「觀者傾城，萬船雲集。遠郡士女，結伴紛來，鬢影衣香，霧迷七里。」〔註41〕

仕女宴飲往往與文人士大夫不一樣，前者的炫耀心理更強。她們在野宴時打扮得花枝招展，借助可見的形式展現自我身體之美。如在「探春宴」中仕女們攀比誰帶的花名貴與嬌豔，裙幄宴比誰的衣衫華麗。服飾，器物的有意展現，強調群體之間的差別，此外，也可獲得群體成員內部的身份認同，仕女也有等級之分，尊卑有序。

當然，野宴重點還是在於宴，食物的多寡，食器的精緻與高貴均是她們攀比的對象。尤其是榼的造型，凸顯新奇、高貴之氣。所以，這類野宴在某種程度上推動了食具造型的發展。榼在這樣的場合就成為了侍女們攀比的對象之一，器物的設計師與製造者在形式與裝飾上也迎合了她們的需求，這也是花形榼在唐代盛行的原因之一。

2.4 盒與和合：吉祥祈福

在中國吉祥圖案中，常出現「和合二仙」，雖然範式圖像在朝代的更替中產生變異，但圓形食盒卻一直被延續使用。《周禮·地官·媒氏》疏說：「三十之男，二十之女，和合使成婚姻。」〔註42〕漢焦贛《易林·小過之益》也說：「使媒求婦，和合二姓。」〔註43〕盒諧音「和」與「合」，寓意和合之美。

在民間傳說中，和合之神為萬回，明田汝成《西湖遊覽志餘》卷二十三載：「宋時，杭城以臘月祀萬回哥哥。其像蓬頭笑面，身著綠衣，左手擎鼓，右手持棒，云是和合之神，祀之可以使人萬里亦能回來，故曰萬回。今其祀絕矣。」〔註44〕但清翟灝《通俗編》（無不宜齋本）卷十九云：「今和合以二神並祀，而萬回僅一人，不可以當之。國朝雍正十一年封天台寒山大士為和聖，拾得大士為合聖。」〔註45〕不論是「和合之神」的萬回也好，或是「和

〔註41〕李昌齡：《宋紹定本樂善錄》，揚州：古椿閣，2015年版，第675頁。
〔註42〕〔漢〕鄭玄注：《周禮注疏》，上海：上海古籍出版社，2010年版，第316頁。
〔註43〕洛書、韓鵬傑：《周易全書》，北京：團結出版社，1998年版，第1063頁。
〔註44〕〔明〕田汝成著，陳志明校：《西湖遊覽志餘》，北京：東方出版社，2012年版，第424頁。
〔註45〕〔清〕翟灝：《通俗編》北京：東方出版社，2013年版，第354頁。

合二聖」的寒山、拾得也好，在民間造像中都是以「二仙」出現。一人手持荷花；另一人則手捧圓食盒，取和（荷）合（盒）諧好之意，並懸掛於中堂，寓意「家和萬事興」；也常出現於婚禮儀式中，寓意夫妻和合美好。這種習俗，始於宋，盛於清。

目前，遺留下來的關於和合二仙的畫面中，隨著朝代的交替，和合二仙的圖像有所變化，和合二仙披頭散髮的僧人形象演變為兩個福娃，一人手持荷花，一人手捧圓形食盒，還從盒內飛出五隻蝙蝠。荷花，又稱蓮花，寓意蒂蓮之意，即嫡結良緣；圓形食盒，象徵好合之意。後來黎明百姓為了祈求風調雨順，莊稼豐收，範式圖形逐漸有了改變，荷花演變成禾葉或禾苗，保留圓形食盒，在明代民窯青花瓷器上就出現了手持禾苗的和合二仙。清延續明，以禾苗和稻禾取代了荷葉。民間藝人為了圖形的簡化，隱去人物，僅以和合二仙手持的器物出現。荷花、食盒與靈芝（如意），象徵「和合如意」。〔註46〕

結束語

楪的物質功能很簡單，但它在特定的環境下、特定的時間段蘊含的象徵意義卻耐人尋味。一種器物的象徵性被大眾或某一個群體認同，通過對象來傳達信息，也體現出中國人特有的內斂、委婉的性格特徵。尤其以儒家思想為主導，講究倫理綱常的等級社會中，楪這樣一個日常生活的器具又將這樣的思想內核發揮到極致。楪的規格、裝飾、體量、色澤已經分列出使用者身份的等級。在中國古代民間民俗中，楪又賦予了多種吉祥文化。尤其在婚、喪、嫁、娶以及重要的節慶中，楪的蘊含更是豐富多彩。通過楪的數量、盛裝食物的種類可以判斷送與被送者之間的關係，貧富程度、人的性格，甚至生男生女等。

但在我國經濟飛速發展的當下，快節奏的生活改變了人們的思維與行為模式，直接代替了間接，直白代替了委婉。器物的蘊含象徵在這樣的背景下逐漸弱化，精神功能逐漸喪失，僅僅以單純的物質功能出現。伴隨著這樣快節奏的生活，一次性的快餐盒充斥著市場。楪，這樣一個具有文化內涵的對象也逐漸淡出了人們的視野，作為古器或古玩出現在博物館或古玩市場。也許就是這樣的一個對象，在特定的環境下，傳達著現代人難以知曉的意蘊象

〔註46〕舒惠芳、沈泓：《紅丹門神 佛山木版年畫》，廣州：廣東教育出版社，2012年版，第 64 頁。

徵。所以研究一種器物，切不可孤立靜止地去看待，而應該根據變化的環境全方位、多維度、多向度地去思考，這樣才能更爲準確地認識一種器物的物質與精神的雙重功能。

（作者單位：集美大學美術學院）

「繩墨」考釋

王拓

摘要：「繩墨」係上古時期民間匠作工具——墨斗的雛形，在先秦以降諸子文獻中，多以其作爲準則、律令、規則、法度等概念的隱喻。在民間匠作行業語境中，「繩墨」又是職銜和技藝等級的稱謂和象徵。這一現象源自古人在造物實踐中所受的器具功能和工藝行爲的啓發。由器物形態的稱謂逐漸引申爲規範人的言行的法律、準則，以及成爲歸納事物的原理、規律等意識形態的範疇用語，「繩墨」超越了本體固有的工具文化屬性而被賦予新的哲學內涵。

關鍵詞：繩墨；考釋；墨斗；赭繩；工具

一、前言

中國傳統工藝的造物理論形態和思想觀念早在春秋戰國時期即已初步形成。其典型特徵便是有機地融合了設計思想、技術思想和哲學思想。由於古代經典的撰著一直偏重於從形而上的層面「坐而論道」，這種帶有局限性的價值觀念使古代先賢對傳統工藝造物的思想和理論的發掘和整理未能形成一套系統的學術體系。先秦以降，精神文化形態中特別是哲學、法學、政治學以及藝文類的思想論著中所使用的大量詞匯如「規矩」、「曲直」、「範疇」、「模範」、「度量」、「文章」、「權衡」等都來自於古代物質文化或曰工藝

文化。它是人類在利用和改造自然的過程中對事物的概括、哲理性認知和昇華。設計學角度對傳統工藝造物文化的研究與古器物學、名物學等研究器物的治學方法雖有交叉但存在研究視角和方法論上的不同。設計學圍繞器物涉及的人—物—環境三者之間的和諧關係對生產者和使用者、器物的造型審美與功能、製作工藝及其生活方式進行分析和研究。它與以考古學和金石學為基礎，注重對古器物本體進行分型分式和微痕研究的古器物學相區別。同樣，名物學的研究以語言學為基礎，將自然界和社會生活中廣義的「物」如鳥獸、草木、人造器物等作為研究對象，從色彩、形狀或形制、功能、材質等方面加以考證、辨別和認知，探討其稱謂的由來、流變，名稱與實物的關係以及與之相關的人文歷史內涵等，以實現「持物找名」和「因名尋物」。基於此，本文將從設計學的視閾結合器物學、名物學的研究方法，以民間從事泥、石、瓦、木等匠作行業的藝人用於畫線定位和校正取直的器具——墨斗為研究對象，對其進行設計文化學層面的研究。從中窺探中國古代工藝造物文化中的設計思維、設計方法以及立基於此而逐漸形成的物質文化和東方設計哲學。

二、「繩」與「懸繩校正」

（一）釋「繩」

繩，是早期先民所使用的一種非常重要的手工勞動工具。《世本・作篇》中記載，「繩」是由上古時代舜帝的巧匠倕所發明：

> 倕作規矩準繩。〔註1〕

堯帝時代距今約有 4000 多年，從文獻的記載來看，我國先民在新石器時代已經製作並使用繩這種工具。由於繩的製作材料易腐難存，早期繩的實物形態今天已經無法得見。然而，繩作為工具在早期先民營造活動中的廣泛應用，在大量的古文獻中卻不勝枚舉。我們從這些古代文獻的記錄中可以獲知關於繩的使用信息。

上古時代，我國最早的一部史書《尚書》便記錄了繩在營建活動中的作用。《書・商書・說命上》中記載：

〔註1〕 〔漢〕宋衷注，〔清〕茆泮林輯：《世本》，北京：中華書局，1985 年版，第 115 頁。

惟木從繩則正，后從諫則聖。〔註2〕

又《尚書‧冏命》中有：

繩愆糾謬，格其非心。〔註3〕

唐孔穎達疏：「正義曰：木不正者，以繩正之，『繩』謂彈正，『糾』

謂發舉，有愆過則彈正之，有錯謬則法舉之。」〔註4〕

先秦部分文獻中也有關於「繩」在製器活動中的功用。如《詩經‧大雅‧

緜》中便有關於西周初期周民族使用繩的記述，其中云：

乃召司空，乃召司徒，俾立室家。其繩則直，縮版以載，作廟

翼翼。〔註5〕

《莊子‧外篇‧馬蹄》中：

匠人曰：我善治木。曲者中鉤，直者應繩。〔註6〕

在《荀子‧勸學》中亦云：

木直中繩，輮以為輪，其曲中規，雖有槁暴，不復挺者，輮使

之然也。故木受繩則直，金就礪則利。〔註7〕

又《管子‧形勢解第六十四》中：

奚仲之為車器也。方圓曲直，皆中規矩鉤繩。〔註8〕

下列文獻中，還指出了繩的斷木功能。如《韓非子‧有度》中：

故繩直而枉木斫，準夷而高科削。權衡縣（通「懸」）而重益輕，

斗石設而多益少。故以法治國，舉措而已矣。法不阿貴，繩不撓曲。

〔註9〕

【南宋】羅大經《鶴林玉露‧卷十》中亦云：

〔註2〕 〔清〕阮元校刻：《十三經注疏》（附校勘記），北京：中華書局，1980年版，
　　　 第62頁。

〔註3〕 陳戌國校注：《尚書校注》，長沙：嶽麓書社，2004年版，第190頁。

〔註4〕 〔唐〕孔穎達撰：《尚書正義》，上海：商務印書館，1935年版，第950～951
　　　 頁。

〔註5〕 袁愈荌譯注：《詩經全譯》，貴陽：貴州人民出版社，2008年版，第362～365
　　　 頁。

〔註6〕 孫通海譯注：《莊子》，北京：中華書局，2007年版，第167頁。

〔註7〕 北京大學《荀子》注釋組：《荀子新注》，北京：中華書局，1979年版，第1
　　　 頁。

〔註8〕 顏昌嶢：《管子校釋》，長沙：嶽麓書社，1996年版，第494頁。

〔註9〕 陳秉才譯注：《韓非子》，北京：中華書局，2007年版，第17頁。

一日一錢，千日千錢，繩鋸木斷，水滴石穿。〔註10〕

【西漢】淮南王劉安撰《淮南子・主術訓》中亦云：

得失之道，權要在主。是故繩正於上，木直於下。〔註11〕

【清】曾國藩《鄧湘臯先生墓表》中云：

引繩落斧，剖晰毫釐。〔註12〕

歷代文獻中，還有許多關於「繩」的功用不勝枚舉，此不贅述。關於「繩」的訓詁，《說文》中曰：

繩，索也。〔註13〕

《原本玉篇》中釋：

索也，直也，度也。〔註14〕

《廣韻》中釋：

直也，又繩索，俗作繩。〔註15〕

從文獻的記載和對「繩」的訓詁來看，繩不僅是用來測量長度、校正平直的度量工具，在鋸齒未發明之前，繩還被用來斷木。

（二）懸繩校正

繩還被古人用以垂懸校正。春秋戰國時期的文獻中多有記載此技術。如《墨子・法儀篇》中記載的「百工五法」中就有：

百工為方以矩，為圓以規，直以繩，正以懸，無巧工不巧工，

皆以此五者為法。〔註16〕

現代工匠測量物體垂直度的工具一般為鉛垂。而在古代，匠人的「垂懸取正」技術沒有固定的形器，在一根繩的繩端繫一重物，在重力作用下，繩自然垂直而下，測直工序即可完成。可見，垂懸測直，仍離不開繩的「正直」作用。

【唐】顏師古《匡謬正俗・音字》中：

〔註10〕〔宋〕羅大經撰：《鶴林玉露》，北京：中華書局，1983年版，第191頁。

〔註11〕〔漢〕高誘：《淮南子注》，上海：上海書店，1986年版，第135頁。

〔註12〕曾國藩：《曾國藩全集・詩文》，長沙：嶽麓書社，1986年版，第270頁。

〔註13〕〔東漢〕許慎撰：《說文解字》，揚州：廣陵書社，2001年版，第275頁。

〔註14〕〔梁〕顧野王編撰：《原本玉篇殘卷》，北京：中華書局，1985年版，第160頁。

〔註15〕陳彭年：《宋本廣韻》（張氏澤存堂本影印），北京：中國書店出版社，1982年版，第179頁。

〔註16〕李小龍譯注：《墨子》，北京：中華書局，2007年版，第21頁。

今山東匠人猶言垂繩視正爲捒也。〔註17〕

之所以談到「懸繩取正」的測量工藝，是因爲後世墨斗的弔線功能與「懸繩取正」之法等同，亦應看作是此法的延續。

從上述文獻來看，在早期的工匠營造活動中，繩的繃緊測直、懸繩校正功能與後世墨斗抨線、弔直的基本功能無二致。因此，繩應該看作是墨斗最原始的雛形。

（三）「赭繩」

《商君書》中除記載「繩墨」外，還記載了一件工具：

赭繩束枉木。〔註18〕

赭繩，是戰國時期工匠畫線用的細繩。因色赤，故稱「赫繩」。後人多將「赭繩」解釋爲墨斗。

清代厲荃所輯《事物異名錄・漁獵部・匠具》引《唐韻》釋：

《商君書》：『赭繩束枉木。』古之匠人用赫繩，即今墨斗是也。

〔註19〕

荊三林先生亦認爲赭繩就是墨斗，而且屬春秋戰國時代在土木工程工具上的新創造：

由春秋戰國時鐵冶工業的發達，各種工具都加以改進，同時創造了不少新的土木工程工具，如……商君書記載的『赭繩』（即『墨斗』，起線用的工具）……〔註20〕

儘管如此，赭繩的具體形態我們難以知曉。但從文獻的描述來看，應該是以某種赤褐色的物質作爲顏料，其主要形式仍是用繩染線。與「繩墨」相比，僅是畫線的顏料不同而已，應該沒有形態上的變化。當然，「赭繩」亦可能是「繩墨」的另一名稱。

〔註17〕 轉引自李浈：《中國傳統建築木作工具》，上海：同濟大學出版社，2004年版，第220頁。

〔註18〕 〔明〕楊慎《藝文伐山》、〔清〕厲荃《事物異名錄》等文獻，以及李浈《中國傳統建築木作工具》等著作均引《商君書》中「赭繩束枉木」一說，但筆者查閱中華書局1954年版，嚴萬里校注的《商君書》及上海人民出版社1974年出版的《商君書》等文獻，未發現「赭繩束枉木」之字句，僅在《商》書《農戰篇》中，有「引諸絕繩而求乘枉木也」一句與其接近。

〔註19〕 〔清〕厲荃輯：《事物異名錄》，長沙：嶽麓書社，1991年版，第268頁。

〔註20〕 荊三林：《中國生產工具發達簡史》，濟南：山東人民出版，1955年版：第47頁。

三、「墨」與「纆徽」

（一）釋「墨」

墨，《說文》中：墨，書墨也。〔註21〕

墨是古代用於書寫和繪畫用到黑色顏料。它的主要原料是炭黑、松煙、膠等，是碳元素的一種非晶質型態。由於自然界中碳元素的化學性質最為穩定，因而墨蹟的附著能力很強，能夠經年不褪。

此外，墨還有以下含義：

1. 「墨」，作為度量單位，如戰國時期左丘明《國語・周語下》中云：

夫目之察度也，不過步武尺寸之間；其察色也，不過墨丈尋常之間。注：五尺爲墨，倍墨爲丈。〔註22〕

可見，古代以墨爲單位，五尺爲一墨，二墨爲一丈。

2. 指「繩墨」。漢牟融《理惑記》中：

工輸能與人斧斤繩墨，而不能與人巧。〔註23〕

又漢楊雄《太玄・法》中：

物仰其墨，莫不被則。

注：「謂繩墨也」〔註24〕

由此可以看出，墨不僅是書畫的顏料，它本身亦有「測量」、「度量」之義。因此，「繩墨」一詞，亦含有測量、畫線之義。

（二）纆徽

此外，「繩墨」在古代還有一罕見的稱謂：「纆徽」。如唐韓愈《送區弘南歸》一文中：

我念前人譬荓菲，落以斧引以纆徽。〔註25〕朱熹注：此言纆徽，

〔註21〕〔東漢〕許慎撰：《説文解字》，揚州：廣陵書社，2001 年版，第 287 頁。

〔註22〕〔晉〕皇甫謐撰：《二十五別史・國語》，濟南：齊魯書社，2000 年版，第 59 頁。

〔註23〕周叔迦輯撰，周紹良新編：《牟子叢殘新編》，北京：中國書店出版社，2001 年版，第 12 頁。

〔註24〕李浈：《中國傳統建築木作工具》，上海：同濟大學出版社，2004 年版，第 216 頁。參見劉韶軍《太玄校注》中：「萬物皆仰遵其法，莫不受其法則之支配。墨、則，皆法也。法首言用法之道。」劉韶軍：《太玄校注》，武漢：華中師範大學出版社，1996 年版，第 88 頁。

〔註25〕〔唐〕韓愈：《韓愈集》，長沙：嶽麓書社，2000 年版，第 48 頁。

謂木工所用之繩墨也。〔註26〕

【明】黃一正輯《事物紺珠・雜什器類・繩》釋曰：

  繧，音木，三股索。徽，三股索。〔註27〕

如《莊子・駢拇》中：

  附離不以膠漆，約束不以繧索。〔註28〕

又《淮南子・說林訓》中：

  溺子拯者金玉，不若尋常之繧索。〔註29〕

可見，「繧索」也指捆綁用的繩子。然而，「繧」爲何有「墨旁」，《說文》中曰：

  索也。從系、黑聲。段注：按從黑者，所謂黑索拘攣罪人也。

 今字從墨。〔註30〕

繧即「抓捕有罪之人的黑色繩子」。

「徽」，《說文》釋：

  徽，一曰三糾繩也。〔註31〕

可見，「徽」與「繧」同指三股之繩。而「徽」，又做「標誌」、「符號」之義。由此，「繧徽」即是「可以標記符號的黑色繩子」。所以，「繧徽」一詞，與「繩墨」一樣，是古代墨斗的另一稱謂。

四、「繩墨」

  歷代文獻中，有許多關於「繩墨」的記載。如先秦時期的《莊子》、《荀子》、《孟子》、《韓非子》、《管子》以及《呂氏春秋》、《商君書》等諸子經典

〔註26〕晚清著名學者俞樾反對朱熹此觀點，認爲繧徽不是木工使用的繩墨，而是表「未雨綢繆」之義。（按：「葑」、「菲」皆爲菜名，葑，即蕪菁，又名蔓菁。菲，即蘿蔔。俞樾認爲「朱子以爲木工之繩繧，則亦非也」。並指出「蓋薪採之事，而非工匠之事也。引以繧徽，即綢繆束薪之義。」俞按《詩・綢繆篇・正義》曰：「言薪在田野之中，必纏綿束之，乃得成爲家用。韓子詩意亦然，謂既落之以斧，而又引之以繧徽也。此詩但譬區子之材如葑菲然，尚有可採，故不忍棄耳，未及斫之而成器也，何取於繩繧乎？」）俞氏觀點備考。

〔註27〕〔明〕黃一正輯：《事物紺珠》（四十六卷），濟南：齊魯書社，1995年版，第825頁。

〔註28〕孫通海譯注：《莊子》，北京：中華書局，2007年版，第164頁。

〔註29〕〔漢〕高誘：《淮南子注》，上海：上海書店，1986年版，第297頁。

〔註30〕〔東漢〕許慎撰：《說文解字》，揚州：廣陵書社，2001年版，第659頁。

〔註31〕〔東漢〕許慎撰：《說文解字》，第657頁。

中，「繩墨」一詞多次出現。

《莊子・逍遙遊》云：

其大本臃腫而不中繩墨，其小枝捲曲而不中規矩。〔註32〕

《荀子・性惡》云：

故隱栝之生，爲枸木也；繩墨之起，爲不直也。〔註33〕

《荀子・儒效》云：

設規矩，陳繩墨，便備用，君子不如工人。〔註34〕

《韓非子・大體》云：

使匠石以千歲之壽，操鉤，視規矩，舉繩墨，而正太山。〔註35〕

《孟子・盡心上》云：

大匠不爲拙工改廢繩墨，羿不爲拙射變其彀率。〔註36〕

《管子・七臣七主》云：

法律政令者，吏民規矩繩墨也。〔註37〕

《商君書・定分》云：

夫不待法令繩墨而無不正者，千萬之一也。〔註38〕

《呂氏春秋・離俗》中云：

故以繩墨取木，則宮室不成矣。〔註39〕

《戰國策・卷十八趙一・蘇秦爲趙王使於秦》云：

吾已大矣，年已長矣，吾苦夫匠人且以繩墨案規矩刻鏤我。〔註40〕

屈原在詩歌《離騷》云：

〔註32〕孫通海譯注：《莊子》，北京：中華書局，2007 年版，第 17 頁。

〔註33〕北京大學〈荀子〉注釋組：《荀子新注》，北京：中華書局，1979 年版，第 396 頁。

〔註34〕北京大學〈荀子〉注釋組：《荀子新注》，第 92 頁。

〔註35〕邵增樺注譯：《韓非子今注今譯》（下冊），臺灣：商務印書館，1983 年版，第 878 頁。

〔註36〕萬麗華、藍旭譯注：《孟子》，北京：中華書局，2007 年版，第 313 頁。

〔註37〕顏昌嶢：《管子校釋》，長沙：嶽麓書社，1996 年版，第 430 頁。

〔註38〕石磊譯注：《商君書》，北京：中華書局，2009 年版，第 207 頁。

〔註39〕任明、昌明譯注：《呂氏春秋》，太原：山西古籍出版社，1999 年版，第 157 頁。

〔註40〕〔西漢〕劉向等編集：《二十五別史・戰國策》，濟南：齊魯書社，2000 年版，第 194 頁。

固時俗之工巧兮，偭規矩而改錯；背繩墨以追曲兮，競周容以爲度。〔註41〕

《黃帝內經·素問·至眞要大論》曰：

方士不能廢繩墨而更其道也。〔註42〕

漢代文獻中，也有許多「繩墨」的記載。如：

漢·王逸注曰：

繩墨，所以正曲直。〔註43〕

漢司馬遷《報任安書》中曰：

且人不能早自裁繩墨之外。〔註44〕

漢東方朔《七諫·沉江》中曰：

減規矩而不用兮，背繩墨之正方。〔註45〕

上述漢代以前的文獻中，記載了「繩墨」的功能與引申意義。但從字面上，我們無法知曉當時的「繩墨」是否已經成爲一種較爲成熟的工具形態。但從文獻的大意來看，「繩墨」更多是指彈印在材料上的、具體的墨蹟線。然而，仔細閱讀文獻我們又可發現，在同一時代的同一部文獻中（如《莊子》、《荀子》、《管子》、《淮南子》等），「繩」與「繩墨」常同時出現。結合文獻中文句所表達的含義，可知「繩」與「繩墨」表示的是兩種不同屬性的事物。以《管子》爲例，在《管子·宙合》篇中，最爲明確地指明了「繩」是具體的工具形態：

世用器械，規矩繩準，稱量數度，品有所成。〔註46〕

而在《管子·七臣七主》篇中，繩墨則用來喻意法律政令：

法律政令者，吏民規矩繩墨也。〔註47〕

同樣，商鞅在其《商君書·定分》中也將「繩墨」引喻爲法律涵義：

〔註41〕〔宋〕洪興祖：《楚辭補注》，北京：中華書局，1983 年版，第 15 頁。

〔註42〕〔明〕吳昆著，孫國中、方向紅點校：《黃帝內經素問吳注》，北京：學苑出版社，2001 年版，第 392 頁。

〔註43〕〔宋〕洪興祖：《楚辭補注》，第 15 頁。

〔註44〕徐兆文主編，袁梅，劉焱等注譯：《古文觀止今譯》，濟南：齊魯書社，1983 年版，第 406 頁。

〔註45〕〔宋〕洪興祖：《楚辭補注》，第 241 頁。

〔註46〕顏昌嶢：《管子校釋》，長沙：嶽麓書社，1996 年版，第 110 頁。

〔註47〕同上，第 430 頁。

夫不待法令繩墨而無不正者，千萬之一也。〔註48〕

又如《淮南子‧齊俗》云：

若夫規矩鉤繩者，此巧之具也，而非所以巧也。〔註49〕

據此，我們可斷定：繩是工具，且在古人眼中乃「巧之具也」。而「繩墨」則多指用繩漬墨後打出的墨線。由「依據黑色墨線對材料進行裁割」之意來引申為遵守正直、法律、政令和準則的表徵，這也似乎比以工具形態引申為法律、準則、法度等意，更為恰當和符合邏輯。

五、墨子與「繩墨」

對於墨子出身的研究，學界普遍認為，他出身於手工業或小私有者階層，其學說多為社會下層勞動者立言，「具有小生產勞動者思想代表的特徵。」〔註50〕而有關墨子姓氏起源的研究，在學術界亦有爭論。或以為墨子之「墨」改刑徒役夫之稱」，〔註51〕在《莊子‧天下篇》中，莊子評價墨子有吃苦耐勞嚴格自律的風格特徵：

不侈於後世，不靡於萬物，不暉於數度，以繩墨自矯，而備世
之急。古之道術有在於是者，墨子、禽滑釐聞其風而說之。〔註52〕

因而有學者認為墨子以「墨」為姓，而其「墨」字的原意就是使用繩墨的木匠。〔註53〕有歷史學者認為：

墨也許是姓，也可能含有色黑、瘠黑（儉薄）、繩墨、墨刑等的
含義，而以因為刑勞而致色黑，與其實行儉薄，以繩墨自矯為近是。
〔註54〕

可見，墨子之名亦與「繩墨」（墨斗）有所關聯。傳說中的墨子是一位精通手工技藝的工藝匠人，因他有著出色的運用繩墨的技巧而被世人稱之為「墨」，倒也是有可能的。

〔註48〕石磊譯注：《商君書》，第207頁。

〔註49〕〔漢〕高誘：《淮南子注》，上海：上海書店，1986年版，第179頁。

〔註50〕轉引自李澤厚《墨家初探本》一文，見李澤厚：《中國古代思想史論》，北京：人民出版社，1986年版，第52頁。

〔註51〕錢穆：《國學概論》，北京：商務印書館，1997年版，第44頁。

〔註52〕馬恒君：《莊子正宗》，北京：華夏出版社，2007年版，第390-391頁。

〔註53〕求是：《經史雜考三則》，《學習與思考》（中國社會科學院研究生院學報）1984年第4期，第35～36頁。

〔註54〕轉引自郭成智、張新河：《墨子姓氏、先祖考略》，見郭成智著《墨子魯陽人考論》，合肥：黃山書社，1999年版，第40頁。

六、從「施繩墨者」到「掌墨師」：「繩墨」的職銜衍化

在民間，負責主持工程營造的職銜圍繞「繩墨」一詞，衍化出許多種稱謂。如「繩墨」、「主繩」、「主墨」（福建屏南）、「廂墨」（廣西侗族）、「掌墨木匠」或「掌墨師（傅）」（湖北孝感地區、黔東南地區苗族、土家族、客家）等等，他們相當於現代社會營建工程項目中「營造師」和「總工程師」、「技術總監」、「設計總監」的角色，而「副繩」、「副墨」則是與「主繩」和「主墨」相對應的助手和副職的稱謂。僅舉一例：福建屏南地區，在建成的廊橋橋屋內的大樑上，便刻有主持建橋工程的「主繩」和「副繩」的名字、建橋的年月、捐款人、建橋董事及其他建橋工匠。對於「主繩」、「主墨」稱謂的來源、地位及鐫刻在梁木上的文化意義，人民日報記者鄭娜在《木拱廊橋：營造千年繩墨傳奇》一文中做了簡要解釋：

> 「主繩」又稱「主墨」，源於木工「繩墨」一詞，相當於現在的建築總工程師。在古橋的大樑上，「主繩」和「副繩」的名字都會連同時間一起刻在上面，博得後世瞻仰的無上榮光。〔註55〕

這種現象根源於古人的傳統觀念。

【宋】胡宏《知言·文王》曰：

> 執斧斤者聽於施繩墨者，然後大廈成。執干戈者，聽於明理者，然後大業定。〔註56〕

【明】劉基《郁離子·主一不亂》中云：

> 爲巨室者，工雖多，必有大匠焉，非其畫不敢裁也；操巨舟者，人員多必有舵師焉，非其指不敢行也。〔註57〕

「施繩墨者」即「明理者」和「大匠」之角色，彈畫墨線的掌墨師不僅是營造活動的工程設計者和決策者，也是工匠群體中具備豐富營造經驗和高超技藝匠師人。也正因如此，「繩墨」、「主繩」、「主墨」、「掌墨師」便成爲了工匠行業中具有較高地位的能工巧匠的象徵。直到今天，這些稱謂在民間的工匠行業中依然被延用。

〔註55〕鄭娜：《木拱廊橋：營造千年繩墨傳奇》，《人民日報》（海外版），2009 年 10 月 27 日第 7 版。

〔註56〕郭廉夫、毛延亨編著：《中國設計理論輯要》，南京：江蘇美術出版社，2008 年版，第 571 頁。

〔註57〕同上。

七、關於「墨斗」最早的記載

儘管目前唐代文獻中還未發現「墨斗」的稱謂。但根據目前所掌握的最早的墨斗圖像資料，即唐代新疆阿斯塔那唐代墓葬群中出土的多件《伏羲女媧》圖中所描繪的墨斗之形態，可以斷定：「繩墨」應當爲墨斗最早的名稱。

唐代文獻中，如房玄齡等撰《晉書・阮仲傳》中記載：

> 賢才之畜於國，猶良工之須利器，巧匠之待繩墨也。器用利，
> 則斫削易而材不病；繩墨設，則曲直正而眾形得矣。〔註58〕

又《柳宗元集・卷三十四・書》中：

> 俞、扁之門，不拒病夫，繩墨之側，不拒枉材。〔註59〕

都已證明，「繩墨」就是墨斗當時的名稱。

現存歷史文獻中，「墨斗」一詞，最早出現於北宋沈括《夢溪筆談・卷十八・技藝》中：

> 審方面勢，覆量高深遠近，算家謂之『矞（矞，音 wèi）術』，
> 矞文象形，如繩木所用墨斗（豆斗）也。〔註60〕

【宋】馬永卿在《嬾眞子・卷之一》中，將墨斗稱做「木斗」：

> 但古筆多以竹，如今工匠所用木斗竹筆，故其字從竹。〔註61〕

可見，「墨斗」一詞的初現不晚於北宋。在當時，「繩墨」和「墨斗」很可能已交混使用。然而除《夢溪筆談》外，其他宋代文獻中均不見「墨斗」的記載，說明當時這一提法並不流行。

元明清時期，「墨斗」的稱謂逐漸增多。如【元】李冶《敬齋古今黈・卷八》中：

> 又聞墨斗謎云：我有一張琴，琴弦藏在腹，莫笑墨如鴉，正盡
> 人間曲。〔註62〕

〔註58〕〔唐〕房玄齡：《晉書》，長春：吉林人民出版社，1995 年版，第 851 頁。

〔註59〕〔唐〕柳宗元：《柳宗元集》，北京：中華書局，1979 年版，第 869 頁。

〔註60〕〔北宋〕沈括：《夢溪筆談》，北京：團結出版社，1996 年版，第 199 頁。

〔註61〕〔北宋〕馬永卿：《嬾眞子》，北京：中華書局，1985 年版，第 4 頁。參見尚秉和：《歷代社會風俗事物考》，南京：江蘇古籍出版社，2002 年版，第 248 頁。古竹筆，今木匠仍用之。宋《嬾眞子》云：「古筆多以竹，如今木匠所用墨斗竹筆，故字從竹。」按，今木匠所用竹筆，長約五六寸，筆尖削成薄片，寬半寸餘，成斜刃形，以刀析其末，使刃碎能受墨，即秦以前之筆。至所用墨斗，疑亦周舊也。

〔註62〕〔元〕李冶：《敬齋古今黈》，北京：中華書局，1985 年版，第 110 頁。

【元】劉塤《隱居通議‧詩歌二》云：

　　此篇筆力超然，高風遠韻尚可想見，豈尋常詩人繩墨所能束縛。

〔註63〕

【明】馮夢龍《明清民歌時調集‧掛枝兒‧詠部‧墨斗》中：

　　墨斗兒手段高，能收能放，長便長，短便短，隨你商量，來也
正，去也正，毫無偏向，（本是個）直苗苗好性子，（休認做）黑漆
漆歹心腸，你若有一線兒邪曲也，瞞不得他的謊。〔註64〕

【清】劉大觀《玉磐山房文集‧周衣亭太史〈四書文〉序》中還形容了
墨斗對於工匠的重要性：

　　譬營室焉，千楹萬礎，匠於一心，拘拘為庸，恢恢為哲。惟意
所適，迭變不窮。室主人不能奪其繩車，而劫其墨斗也。〔註65〕

【清】李漁《閒情偶寄‧詞曲部‧音律第三》中：

　　分股則帖括時文是已，先破後承，始開終結，內分八股，股股
相對，繩墨不為不嚴矣。〔註66〕

【宋】王安石《命解》中：修身絜行，言必由繩墨。〔註67〕

其中，「繩墨」一詞還用來指書法、詩歌等藝術創作的技法和規律。如【宋】
黃庭堅《答洪駒父書》中：

　　諸文亦皆好，但少古人繩墨耳。〔註68〕

【宋】董逌《廣川書跋‧北亭草筆》中，讚揚懷素之書法曰：

　　素雖馳騁繩墨外，而迴旋進退，莫不中節。〔註69〕

〔註63〕〔元〕劉塤：《隱居通議》，北京：中華書局，1985年版，第71頁。
〔註64〕〔明〕馮夢龍：《明清民歌時調集》（上），上海：上海古籍出版社，1987年版，第213頁。
〔註65〕〔清〕劉大觀：《玉磐山房文集‧周衣亭太史〈四書文〉序》，該文引自邵福亮先生在新浪博客上發表其所錄《玉磐山房文集》原文，係邵福亮先生對劉文的校勘和研究成果，尚未出版。參見網址：http://blog.sina.com.cn/s/blog_51ef5f3501009ean.html.
〔註66〕〔清〕李漁著，立人校訂：《閒情偶寄》，北京：作家出版社，1995年版，第33頁。
〔註67〕中國社會科學院文學研究所：《格言選讀》，北京：作家出版社，2000年版，第20頁。
〔註68〕趙則誠、陳復興、趙福海：《中國古代文論譯講》，長春：吉林人民出版社，1984年版，第246頁。
〔註69〕〔宋〕董逌：《廣川書跋》，北京：中華書局，1985年版，第97頁。

又《趙璘登科記》篇云：

> 而稍微出入繩墨不拘律度内。〔註70〕

【宋】《宣和畫譜》稱讚畫家畢宏云：

> 而宏一切變通，意在筆前，非繩墨所能制。〔註71〕

【明】項穆《書法雅言・中和》中：

> 其眞書絕有繩墨，草宇奇幻百出不逾規矩，乃伯英之亞，懷素
> 豈能及哉。〔註72〕

此外，還有以「繩墨」作爲專業文獻的書名，意爲「概論」、「原理」之意。如【明】方隅編纂的《醫林繩墨》、【清】林君升的水軍教科書《舟師繩墨》。

至於用「繩墨」一詞來喻意國家的「法律」、「政令」，前文提及許多，此不贅述。僅舉最爲典型的即《管子・七臣七主》中：

> 法律政令者，吏民規矩繩墨也。〔註73〕

又，《管子・七法》中曰：

> 尺寸也，繩墨也，規矩也，衡石也，斗斛也，角量也，謂之法。

〔註74〕

【秦】商鞅《商君書・定分》中：

> 夫不待法令繩墨，而無不正者，千萬之一也。〔註75〕

後世用於代指法律、政令的還有，【漢】司馬遷《史記・老子韓非列傳第三》中：

> 韓子引繩墨，切事情，明是非，其極慘礉少恩。〔註76〕

【南朝】范曄《後漢書・鄧寇列傳第六・寇榮》中：

> 尚書背繩墨，案空劾，不復質確其過。李賢注：「繩墨謂法律也。」

〔註77〕

〔註70〕同上，第101頁。
〔註71〕岳仁譯注：《宣和畫譜》，長沙：湖南美術出版社，1999年版，第220頁。
〔註72〕〔明〕項穆：《書法雅言》，北京：中華書局，1985年版，第12頁。
〔註73〕〔戰國〕管仲撰，梁運華校點：《管子》，瀋陽：遼寧教育出版社，1997年版，第149頁。
〔註74〕李山譯注：《管子》，北京：中華書局，2009年版，第58頁。
〔註75〕石磊譯注：《商君書》，第207～208頁。
〔註76〕〔漢〕司馬遷：《史記》，北京：線裝書局，2006年版，第286頁。
〔註77〕〔劉宋〕范曄撰，〔唐〕李賢等注：《後漢書》，北京：中華書局，1965年版，

「繩墨」在類似上述文獻中不勝枚舉，相關成語如不拘繩墨、繩墨自矯、枉墨矯繩、規繩矩墨、規矩繩墨、繩墨之言、踐墨隨敵等等，還有很多。在《紅樓夢》第五十一回《薛小妹新編懷古詩·胡庸醫亂用虎狼藥》中，薛寶琴借題發揮，編成十首懷古絕句來「暗隱俗物十件」。其中，第七首《青冢懷古》的詩謎云：

> 黑水茫茫咽不流，冰弦撥盡曲中愁。
>
> 漢家制度誠堪歎，樗櫟應慚萬古羞。〔註78〕

著名紅學家陳毓羆先生推斷謎底即「墨斗」。

八、結語

綜上所述，從先秦諸子文獻中的「繩」、「繩墨」到明清時期「赭繩」、「涵繩」、「線墨」等。這些稱謂與工具的形態、結構、功能等不斷發展和演變的過程相適應。而在這一過程中，衍生出諸多與之相關的設計文化、工藝文化乃至制度文化等。它反映出中國傳統工藝造物文化的獨特性。即以形、象來表意，即「立象盡意」。古代匠人在營造的實踐活動中，運用聯想、比喻、象徵、類推等思維方法將工藝器物的名稱、工藝原理、工藝現象同與其具有共同原理、特徵的概念、行為之間建立起表徵的聯繫，使其嬗變為一種充滿象徵意蘊的文化「符號」。這種「比類取象」的設計思維方式也為既定的傳統社會秩序和意識形態提供了合法性的支持。在這一「以物徵事」的過程中，「繩墨」作為一件工具的名稱已逾越了它本身固有的物質屬性而被賦予隱喻和象徵性的文化內涵。可以說，整個工藝事象本身就體現著一定的哲理性和形象性。而這種根據器物和工藝事象的邏輯原理而引申出的倫理哲學，應該說也是一種文化現象。儘管這種文化現象在當時的造物過程中是經驗性的，而非理論性的，但終究它使得本來毫無相關的兩種事物之間建立起象徵與被象徵、能指與所指的關係。這一將民間工藝事象中的造物原理提升到哲學高度的設計文化現象，反映出古人對傳統「道」、「器」關係的一種哲理性思考。

（作者單位：蘇州大學藝術學院）

第 628 頁。

〔註78〕陳毓羆：《紅樓夢懷古詩試釋》，見陳毓羆、劉世德、鄧紹基《紅樓夢論叢》，上海：上海古籍出版社，1979 年版，第 209-210 頁。

附　圖

圖 1　中國民俗墨斗博物館藏傳漢代青銅墨斗

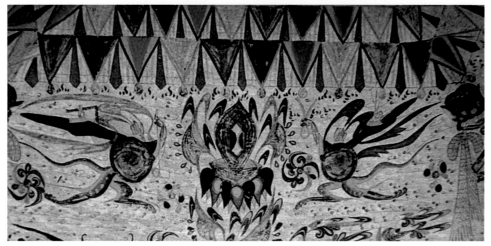

圖 2　敦煌莫高窟 285 窟窟頂東披壁畫伏羲左手手持墨斗圖像

圖 3　日本奈良東大寺正倉院藏唐代漆飾銀平脫龍船墨斗
29.7×9.4×11.7cm

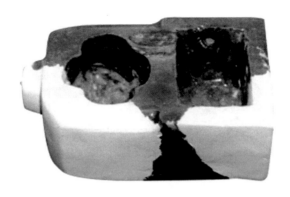

圖 4　河南汝州大峪谷東溝窯出土青瓷墨斗，上面還留有黏燒痕跡，
　　　說明燒造時產品裝窯較密集

圖 5　中國民俗墨斗博物館藏傳明代布袋和尚墨斗

圖 6　日本民俗學家染木煦在中國東北地區考察記錄的偽滿洲國時期
　　　墨斗器型

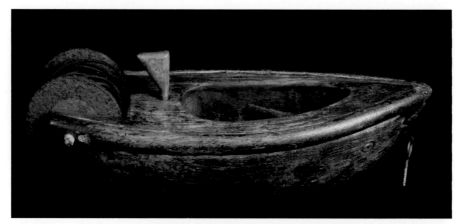

圖 7　中國民俗墨斗博物館藏近代船型墨斗

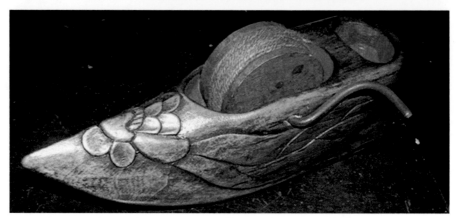

圖 8　中國民俗墨斗博物館藏三寸金蓮墨斗

中國飾紋體系初成時期奠定的造紋依據和取象模式 [註1]

子仁

　　摘要：在「紋學」的觀照下，以及在劃分中國陶瓷飾紋史三大階段的基礎上，文章把飾紋作爲藝術的同時，還視之爲一大類文化符號體系，著重地對中國飾紋的初成時期所奠定的造紋依據和取象模式做了討論和闡述。中國飾紋體系的造紋依據和取象模式，萌芽和形成於現代考古學所發現的史前陶器之上，存在於飾紋的形態、組織結構及其與陶器的器形、組合與陶器功用等方面的關係中，也在《周易》、《說文》等先秦到兩漢的文獻中留下了扼要的追記，可以簡要地概述爲「仰觀俯察、權衡物我」的造紋依據，與「觀象取則、依類象形」的取象模式。

　　關鍵詞：紋學；飾紋體系初成期；造紋依據；取象模式

〔註1〕　本文原本是筆者於2006年在中國藝術研究院研究生院完成並以其獲得美術學博士學位的畢業論文《中國古陶瓷飾紋發展史論綱》之「餘論」部分，經節選並略作修改而成。此前，筆者只發表了整個論文中的「導論」部分，並命題爲《中國古陶瓷飾紋發展史導論》，分上下兩篇連載於《美術觀察》2009年第3、4期。時隔十年之後，筆者以爲在那篇博士論文的「餘論」部分所討論的「中國飾紋體系初成時期奠定的造紋依據和取象模式」，仍然是一個值得關注的話題。適逢此次研討會，筆者便以其「餘論」中的有關內容，用現在這個標題把這篇尚不十分成熟的小文奉獻於此，並請教於各位方家。

　　飾紋不僅僅是一種最古老的藝術，還是一類最重要的文化符號體系。正是在後面這個意義上，我們有必要將它作爲一個相對獨立的研究對象，並建構相應的理論和歷史的框架，這便是「紋學」的必要。〔註2〕本文所謂「初成時期」基本上是通常所言的原始時代，並稍有後延。它根據「中國飾紋體系階段性總體特徵」的基本差異，〔註3〕將中國飾紋史劃分爲三大階段中的第一個階段，即中國進入文明時代而且特別是在文字體系初步形成（目前公認中國文字的最早形態是商代甲骨文）之前的時期，大約相當於公元前 7000 年前後至公元前 2000 年之間。〔註4〕那時，飾紋體系還處於一種「混合性的『無名』狀態」；進入文明時代，也就是中國飾紋歷史的第二階段——那也是一個「紋明時期」，〔註5〕當時的人們才以文字的方式隱隱約約地、陸陸續續地追記下祖先的造紋依據和取象模式。

一、《周易》與《說文》的追記

　　《周易‧繫辭下》曰：

　　　　古者包犧氏之王天下也，仰則觀象於天，俯則觀法於地，觀鳥獸之文，與地之宜，近取諸身，遠取諸物，於是始作八卦，以通神明之德，以類萬物之情。〔註6〕

這段文字談到了卦象體系產生的創造機制，也談到了創制八卦的依據和取象模式。但它作爲對造文（也即造紋）原理的認識，所談問題卻不僅僅屬於卦象體系。

〔註2〕　「紋學」的概念乃筆者在博士論文中提出，並初步架構了一個史學性的理論框架。在《中國古陶瓷飾紋發展史論綱》一文中，筆者從「紋學」的視角，將飾紋作爲一門藝術的同時，也將其作爲一類文化符號體系來看待，通過對中國古陶瓷飾紋的歷史梳理，把「紋學」涉及的一些基礎問題做了論述。其中的基礎討論見拙文：《中國古陶瓷飾紋發展史導論》（下），《美術觀察》2009 年第 4 期，第 97～103 頁。筆者後來還從「紋學」的視角，對中國的當代文化和美術理論做過一些思考，見《紋化衰變與紋學漸興——從紋學的視角看新中國美術理論的自覺》，載《美術觀察》2009 年第 4 期，第 14～17 頁。

〔註3〕　拙文《中國古陶瓷飾紋發展史導論》（下）。

〔註4〕　關於中國古陶瓷飾紋史「三階段」的分期和理由，見拙文《中國古陶瓷飾紋發展史導論》（下）；進一步涉及原始時代中國古陶瓷飾紋「初成時期」時空分佈的相關內容，詳見於筆者的博士論文第一章第一節。

〔註5〕　見拙文《中國古陶瓷飾紋發展史導論》（下）。

〔註6〕　〔宋〕朱熹注：《周易本義》，北京：中華書局，1985 年版，第六四頁。

　　東漢許慎在《說文解字‧敘》中，開篇也引用了這段文字，但是做了改動並加以充實，意思也更爲明顯，其文曰：

> 古者庖犧氏之王天下也，仰則觀象於天，俯則觀法於地，視鳥獸之文，與地之宜，近取諸身，遠取諸物，於是始作易八卦，以垂憲象。及神農氏結繩爲治，而統其事。庶業其繁，飾僞萌生。黃帝之史倉頡見鳥獸蹄迒之跡，知分理之可相別異也，初造書契。⋯⋯倉頡之初作書，蓋依類象形，故謂之文。其後形聲相益，即謂之字。〔註7〕

許慎引用此文，刪去了《周易》直接點出八卦功能的內容（「以通神明之德，以類萬物之情」），或將其概括並強調爲「以垂憲象」。〔註8〕

　　從文本語境和文意邏輯來看，這種強調顯然是把八卦看成是後來的「神農結繩」、「飾僞萌生」、「倉頡造書」等一系列關於中國文化符號系統演變的重大事件的源頭——從考古學、文字學等學科領域的現有成果來看，許慎安錯頭了，但是他無形中卻說明了文字體系的產生（包括「結繩」、「飾僞」的產生）與卦象體系的產生都具有相同的創造機制——這就不能不讓我們聯想到，中華飾紋體系的產生也具有與此相同的創造機制。鄧白先生就曾經注意到這段文字，他說：「這雖然是創作八卦的過程，但其基本精神，例如對天地自然規律，鳥獸的自然生態的觀察，以及近取諸身，遠取諸物的主客觀實踐過程，都包括了原始藝術產生的實質，可以作爲探討陶瓷裝飾歷史淵源的借鑒。」〔註9〕雖然鄧先生並未就此展開論述，但是他的判斷應該是基本準確的。

　　許慎在文中明確提到耕陶並作的神農氏時代的「飾僞萌生」，當然可以包括很多內容，但實際上此處的「飾僞」首先應該指「文飾」（即紋飾），因此許慎這句話的意思主要也應該是指「飾紋體系」的產生。「飾僞」與「文飾」這樣的概念，在先秦到秦漢時期大量見於各種文獻典籍當中，它的本義是指「以紋樣進行裝飾的行爲」或「紋飾的結果」。

〔註7〕　〔漢〕許慎撰，〔清〕段玉裁注：《說文解字注》，上海：上海古籍出版社，1988年版，第 753 頁。

〔註8〕　關於「憲象」的含義，本文取〔清〕章學誠《文史通義‧易教中》所釋：「欽明之爲敬也，允塞之爲誠也，憲象之爲憲也，皆先具其實而後著之名也。」章原注：「憲象之憲，作推步解，非憲書之名。」故，今人多解釋爲「觀測推算天象」。

〔註9〕　鄧白「概說」，載鄧白主編：《中國歷代陶瓷飾紋》，香港：萬里書店，上海：上海科學技術出版社，1989 年版，第 8 頁。

　　另外，「神農結繩爲治，而統其事」通常是指上古先民以繩打結作爲記事的方式，是以「特定的空間形狀」來記錄認識對象之間所存在的較恆穩關係的「空間構成形式」。〔註10〕有趣的是，關於「神農」的創造，古人記錄甚多，除了這裡所說的「結繩」，眾所周知的要數「神農耕而作陶」（〔宋〕《太平御覽》引《逸周書》），因此神農在傳說中被認爲是發明農業和創燒陶器的人物。我們不妨把神農的「農耕」、「作陶」、「結繩」聯繫起來，再檢視一遍中國遠古陶器誕生之後最早見於陶器表面的飾紋，當會頷首而悟：經過一段時間的無紋陶器之後，陶器表面最早出現的飾紋恰恰是「繩紋」。通過對考古發現的史前早期陶器資料的梳理就不難看出，繩紋是歷史上流行時間最久的一種「搏埴飾紋」類型。〔註11〕這樣，我們不妨把「神農結繩爲治，而統其事」的記載，看成是先民最初在陶器這種空間形式的物質媒介上，以可供視覺接受的平面構成形式的「繩紋」來「統其事」。至於所統何事，不明確，亦不排除陶瓷飾紋的整個發展過程。

　　由此我們還可以進一步理解到，「仰則觀象於天，俯則觀法於地，觀鳥獸之文，與地之宜，近取諸身，遠取諸物」云云，無非是說人類對世界的觀察、選擇、取捨乃至自省、自覺等活動，而這一系列活動，正是卦象、文字、飾紋等平面符號體系得以產生的創造機制，它所歸納的造文依據及取象模式也是各體系在創制之初所共同遵循的。以中華上古先民創造的彩畫飾紋爲代表的飾紋體系，自然也遵循著原理相同的造紋依據和取象模式。〔註12〕

〔註10〕　見陳綬祥：《遮蔽的文明・彩陶藝術研究》，北京：北京工藝美術出版社，1992年版，第128頁。

〔註11〕　《周禮注疏》卷三十九「冬官・考工記」第六：「搏埴之工二。」鄭玄注：「搏之言拍也；埴，黏土也。」見〔清〕阮元校刻：《十三經注疏》上冊，北京：中華書局，1980年版，第九〇六頁。經梳理研究可知，繩紋是中國史前陶器上出現的諸多「搏埴飾紋」中最重要的一種，而搏埴飾紋是中國古陶瓷飾紋史上最早出現的一大類飾紋類型，其最基本的技術特徵可以歸納爲「與器並成」，搏埴飾紋期約在公元前7000～前4500年，主要分佈於黃河流域、長江流域和嶺南地區。拙文《中國古陶瓷飾紋發展史論綱》第一章第一節「概述」對此做了論述。

〔註12〕　當搏埴飾紋演爲盛況之時，「彩畫飾紋」也隨之逐漸興起，成爲新石器時代中、後期最繁盛的飾紋類型。約公元前5500～前2000年間，是爲彩畫飾紋期，分佈範圍極爲遼闊。「以畫成紋」是彩畫飾紋最基本的技術特徵。彩畫紋飾從搏埴中獨立出來，成爲飾紋體系走向完善的標誌。拙文《中國古陶瓷飾紋發展史論綱》第一章第一節「概述」做了論述。

下面通過對繫辭引文的分析，對文字體系形成之前飾紋體系的造紋依據和取象模式做一些說明。

二、造紋依據：仰觀俯察，權衡物我

從《周易》和《說文》兩則文獻的內容來看，先民造紋主要是通過仰觀俯察天地萬物之象和權衡於物我之間這兩個方面來確定造紋依據的。

具體而言，觀察對象按類分為「天象」、「地法」、「鳥獸之文」、「地之宜」四個方面。別而言之，象者天垂之象，法者地法天則，故《易》曰「法象莫大乎天地」。﹝註 13﹞因此，所謂「天象」，既屬「天文」的範疇，也指純陽性質的乾象；所謂「地法」，既包括「地理」範疇的地物，也指純陰性質的坤象。這二者無論是關乎天文還是地理，都與古人的生息有密切關係。而所謂「鳥獸之文」，多屬於遠古「物候曆法」的範疇，主要是指各種與四季節氣同律互動的鳥獸蟲魚等動物的形象、節律和活動軌跡；而所謂「地之宜」，則指不同地域有不同的表象，主要涉及地貌和植被，前者亦屬於地理範疇，後者在原始時期主要屬於農業範疇。實際上，這些對象所屬的範疇都是文明時期逐漸分化而成，如果追溯到新石器時代，當時所有的知識都是在農業的基礎上獲得，是圍繞農業而展開。

新石器時代先民的定居生活和農耕生產最根本的問題是農作物的生長。在那個以「輪種休耕」和「刀耕火種」為主要生產方式的時代裏，﹝註 14﹞先民除了可以主動觀察和選擇作物籽實之外，大多只能在較為被動的情況下來主動地觀察「天時」，以密切注意農作物的生長情況。因此與天時相關的一切現象都是先民觀察的重點。這些對象主要就是上述的天象、地法、鳥獸之文、地之宜。

原始先民通過「圖文」的方式，記錄這些對象的形象及其最具特徵的變化來達到記載經驗、總結認識和形成觀念，而在陶器這種空間形式的物質媒介上以飾紋這一平面符號的方式加以記錄，無疑是當時能做出的最佳選擇。文獻記載了「昆吾作陶」的傳說，﹝註 15﹞他同時又是一位占

﹝註 13﹞《周易》「繫辭上」第十一章，第六二頁。

﹝註 14﹞關於新石器時代的農業生產方式，參見中國大百科全書總編委會：《中國大百科全書・考古學》卷「中國新石器時代的農業」條，北京：中國大百科全書出版社，1986 年版，第 704～706 頁。

﹝註 15﹞《太平御覽》卷第八百三十三・資產部十三・陶：「尸子曰，昆吾作陶。」（《呂氏春秋》同）。〔宋〕李昉等撰：《太平御覽》，北京：中華書局，1960 年版，第四冊三七一六頁。

星家，〔註16〕說明了上古製陶術與天象觀察之間曲折而又必然的聯繫。

在權衡物我方面，即所謂「近取諸身，遠取諸物」，先民主要是通過物的表象來探尋規律。這一過程既有外求，也有內證；強調了對外在於「我」（即「身」）的「物」所表現出來的特徵和變化進行觀察，更注重內在於「身」（即「人」）的「心」所獲得的經驗，以及人際之間經驗的交流所形成的「共識」。

先民的造紋依據由此可略分「物」、「我」兩個方面，前者主要是指圍繞農耕的需要所著重觀察的「天文」與「動植」，後者主要是指先民在靜觀天地萬物之時所投入的人的主動性，包括對「物」或「物象」之運動、變化規律進行經驗的總結和觀念的賦予，把天文動植等「物」、「象」納入先民認識的天地結構模式當中。後來關於參天兩地的「三才」觀念可以說是對這種依據的總結。

三、取象模式：觀象取則，依類象形

造紋依據形成了相應的取象模式。針對上述觀察對象及其不同的層面，先民在彩畫飾紋的創造上大體形成了兩種取象模式：「觀象取則」與「依類象形」。前者多含數理，後者著重取象。

「觀象取則」即所謂「仰則觀象於天，俯則觀法於地」。法象皆則，觀即相法。《說文》：「相，省視也。」段注：「目接物曰相。」〔註17〕《周易》「觀」卦坤下巽上，象風行地上，亦象地上之木，故象曰：「大觀在上，順而巽，中正以觀天下」，且「下觀而化也」，〔註18〕《說文》又云：「易曰，地可觀者，莫可觀於木。」段注：「地上可觀者莫如木」。〔註19〕是知以目觀木，其相乃成，觀木地上，地法自現，而天象亦如之。

一方面，先民通過觀察天地萬物的運動過程來總結其運行的規律，這樣的規律實際上說明的是觀察對象之間穩定的關係，對此先民選擇了點畫元素構成具有相對恆穩結構形式的飾紋來加以記錄。另一方面，先民還通過觀察

〔註16〕《史記・天官書》記載中國早期有多位「占星家」，其中就有昆吾：「昔之傳天數者，高辛之前，重、黎；於唐、虞，羲、和；有夏，昆吾；殷商，巫咸；周室，史佚、萇弘；於宋，子韋；鄭則裨灶；在齊，甘公；楚，唐昧；趙，尹皐；魏，石申。」〔漢〕司馬遷：《史記》，北京：中華書局，1982 年版，第 1343 頁。

〔註17〕〔漢〕許慎撰，〔清〕段玉裁注：《說文解字注》，第 133 頁。

〔註18〕《周易》上「觀」卦象辭，第二一頁。

〔註19〕〔漢〕許慎撰，〔清〕段玉裁注：《說文解字注》，133 頁。

天地萬物的形象來認識其中所蘊藏的數理關係，同時融入對運動規律的認識模式來進一步認識數的演變規律，這同樣依靠點畫元素所構成的格式相對恆穩的飾紋及其演變來加以記錄。這兩個方面形成了觀象取則的主要內容。通過這種模式來記錄天地萬物的運行規律和數理關係的結果，主要是彩畫飾紋中結構與形象都較為穩定的各種幾何飾紋，它們內在的結構關係是通過長期的觀察、摸索、選擇而不斷總結出來的。

另一類重要的取象模式即「依類象形」，它對前述觀察對象按照歸類的方式來取象，並以點畫元素來「擬諸其形容，象其物宜」。〔註20〕彩畫飾紋中的象形紋樣主要就是通過這一模式來形成造型的。在這方面，文字與飾紋具有類似或相同的特點。《說文·敘》曰：「倉頡之初作書，蓋依類象形，故謂之文。」〔註21〕而實際上最早創造的「文」就是飾紋。由觀察對象所決定，彩畫飾紋中的象形紋樣主要有天象紋和物象紋兩類，前者以星象紋和雲氣紋為主，後者主要是植物紋和動物紋，也有人物紋。

由於中國文化的觀察方式、表現方式的獨特性，決定了點畫元素和造型觀念的特殊性，因此依類象形而來的象形紋樣主要記錄了對象的類特徵，它並不在意對象個體的特異性變化。由此可見，象形紋樣與幾何紋樣一樣，也強調通過恆穩結構形式的總結來記錄和把握規律性的認識。這是現在來認識此類飾紋應該著重注意的問題。

總之，中華先民以天地、動植作為觀察的主要對象，以仰觀俯察和權衡物我作為主要的行為方式，在物象與我心之間形成與天地同構的模式，以此作為造紋的根本依據，進一步完善觀象取則和依類象形的取象模式，也就導致了造型有別而原理如一的象形飾紋與幾何飾紋的產生和形成。二者分別側重於尚象與重數的性質，對中國文化的方向和中華藝術的發展，都具有重大的意義。

（作者單位：中國藝術研究院美術研究所）

〔註20〕 《周易》「繫辭上」第八章，第五九頁。
〔註21〕 〔漢〕許慎撰，〔清〕段玉裁注：《說文解字注》，754 頁。

編後記

　　文集的出版，算是對自己和支持我的學者們有了一個交待。回首 2017 年
3 月 24～26 日，經過近一年策劃與籌備的「制器尚象：中國古代器物中的觀
念與信仰研究」會議終於在徐州順利召開。會場中學者們的發言異彩紛呈，
但因每個學者的發言時間根據安排只有十幾分鐘，結果不免會出現報告剛到
精彩之卻處戛然而止，或者來不及充分展開的情況。這本文集的最終出版，
不失爲一個彌補。

　　書出版了，遺憾也隨之而來。清華大學的陳穎飛、中山大學的周繁文、
南京博物院的沈驤等幾位學者或者千里迢迢，或是於百忙之中抽空而來參
會，但因種種緣故，文集最終未能如願入編他們的大作，遺憾之至，也抱歉
之至！

　　編輯過程費了不少周折，主要原因是 2017 年 4 月至 2018 年 5 月期間我
受國家藝術類特殊人才培養計劃公派在斯坦福大學藝術與藝術史系訪學，與
國內溝通不暢，編輯工作因而延宕良久，直到 2018 年春節後才最後交稿。在
此期間就學術規範、圖文處理等有關細節與編輯、學者們幾經推敲，最後形
成現有的風貌。希望這本文集在反映學者研究理念、治學態度的同時，也能
在學術規範與研究方法上爲造物文化研究者及有關學術同行提供借鑒與參
考。

　　屆此，特別要感謝江蘇師範大學漢文化研究院朱存明院長，文學院王懷
義副院長以及會議籌備組與會議工作組的同學們，他們爲會議的順利召開做
了大量的統籌與安排工作。還要感謝花木蘭文化出版社的楊嘉樂老師，沒有
她的推薦，文集的出版不會如此順利。最後要感謝的是內子，中國社會科學

院社會學所的陳滿琪副研究員，以及小女，帕拉・阿圖市 Barron Park 小學 K1 班的練簡兮小朋友，沒有她們的支持與全力配合，要在訪學期間完成這件工作幾乎是不可能的。

限於個人的精力與水平，書中難免出現錯誤與紕漏，責任由我一人承擔。

練春海於斯坦福大學

2018 年 2 月 28 日